しんどい月曜の朝がラクになる本

佐藤康行

サンマーク出版

プロローグ

究極の選択クイズ

Q．あなたの人生、どちらになったらいいですか？

① 毎日ずっと日曜日

② 毎日ずっと月曜日

究極の選択クイズ

Q. あなたの人生、どちらになったらいいですか？

① 毎日ずっと日曜日
② 毎日ずっと月曜日

ここでの日曜日は、あなたにとっての休日・休暇と置き換えて考えてみてください。

もし、あなたの答えが「①毎日ずっと日曜日」だとしたなら、これからの人生において困難な状況が少なからず生じることでしょう。休日ならば1日中遊んでいれば楽しいですし、いくら寝ていても誰にも文句は言われませんが、現実的には遊んでばかりでは収入がなく、生活していくのは難しいからです。

そして働くことへの張り合いもない毎日では気力も湧かず、やがて堕落してしまうかもしれません。

しかし、あなたがもしも月曜日を好きになれたなら、すべての曜日を好きになれます。そうなると、人生は生きづらいものではなくなります。

月曜日があなたにとって最高にうれしい日で、仕事も絶好調だとしたら、続く火曜日も、その翌日の水曜日も、さらに上昇していきます。どんどん右肩上がりに、自分の能力を発揮できることになります。月曜日さえ幸せな日にできれば、すべての日を良くできると私は考えるのです。

もう一度、よく考えてみてください。
あなたが好きな曜日は、何曜日でしょうか？

月曜日が好きですか？
火曜日が好きですか？

水曜日が好きですか？
木曜日が好きですか？
金曜日が好きですか？
土曜日が好きですか？
日曜日が好きですか？

やっぱり、金土日が好きでしょうか？

本書では、今のあなたが月曜日を嫌いでも、すぐに好きになれる簡単な方法をお教えします。

月曜の朝が憂うつな原因は、ズバリ人間関係にあります。人との関わりが、あなたにとって心地よく、安心できるものになれば、毎日が楽しくなります。たとえるならオセロゲームのようなものです。月曜がしんどい黒石なら、火曜日も黒石、水曜日も黒石、金曜日まで黒石で、土曜と日曜だけがラクな白石です。7日のうち5日は黒石のままです。

ところが、次の日の月曜を白石にできるなら、火水木金土日と連日が真っ白になります。土・日は白だから全て白石になります。

月曜の朝を白石にできれば、その後はオセロゲームのように一気に黒が白にひっくり返っていきます。それが1週間になり、1か月になり、1年、10年、そして一生涯、継続することになります。

そうなれば、あなたの人生は幸せで喜びに満ちあふれた日々になります。**月曜日の朝がラクになることは、あなたが思う以上に、人生に大きな影響を与えます。**だから、私はこの本を著したい、と思ったのです。


本書は単に人間関係を良くするだけのものではありません。あなたの人生のあらゆる面が好転していくメソッドを紹介します。その結果、あなたの周りから嫌いな人はいなくなり、大好きな人たちに囲まれる人生へと変貌します。

にわかには信じがたいかもしれません。もっとメカニズムを詳細に解説してほしいと思う人もいるかもしれません。しかし、このメソッドは奥が深いため、難解な部分は割愛し、この本ではあなたの人生に即効性がある実践的な部分だけを切り出して紹介します。

だまされたと思って、まずはトライしてみてください。素直に実践した人がどれほど劇的に変化したかも詳しくお伝えします。その実例も、たくさんある中のほんの一部にすぎません。

今度はあなたがこの成果を体験する番です。ぜひ、人生に奇跡を起こしてください。

あなたが最高に幸せな人生を送るための一助となることを願っています。

心の専門家　佐藤康行

この本のエピソードはすべて実話ですが、登場する子どもたちの名前は、プライバシーに配慮し仮名としています。

目次

第2章 心のダメージがまるごと消える魔法

第3章 心が輝きドバドバ奇跡が起きる

第4章 自尊心を爆上げしてラクに生きる

第5章
人に好かれる「大天才」になる

エピローグ

装丁…萩原弦一郎（256）
本文DTP…朝日メディアインターナショナル
構成…向千鶴子
校閲…株式会社ぷれす
編集協力…中里昌克
編集…新井一哉（サンマーク出版）

第1章

人間関係を
タプタプの愛で満たす

今週も月曜の朝がやってくる

月曜日の朝、目覚ましのアラームが鳴り響く。

ベッドから重い体を引きずり出したあなたは、玄関で靴に足を押し込み、満員電車に乗って会社に向かう。

その瞬間から、憂うつな1週間が始まるのだ。

今週も、そして来週も、大キライな月曜の朝がやってくる……。

そういった生活に、あなたは浸りきっているのではありませんか？

恐ろしいことに、そんなうつうつとした気分を抱えたビジネスパーソンが今、日本中にあふれかえっています。この心の状態が〝サザエさん症候群〟と呼ばれていることをご存じの方も多いでしょう。日曜日の夜、テレビアニメの「サザエさん」を観ると、翌日に仕事や学校に行くことを想像して憂うつになってしまう症状のことですが、その背景には仕事への不満や不安、職場の人間関係の悪さなどからくるストレスがあるとみられています。

学校であれば、児童・生徒間のいじめや先生との関係が良くなかったり、個性を押しつぶす詰め込み教育が合わなかったりして、心に支障をきたすわけです。

このサザエさん症候群は、名前はやわらかい雰囲気ですが、決して些細《ささい》なことではなく、その悪影響はなにも月曜日だけに留《とど》まりません。そうした気分が週末まで持続すれば、仕事のパフォーマンスが低下しますし、頭痛や腹痛、吐き気、不眠などの身体的症状を伴うことも多く、体調を崩してしまえば働くこともできなくなるでしょう。

学校であれば不登校、引きこもりなどにつながり、学業どころではなくなりますし、サポートする家族の負担も増えてしまいます。

Ｗｅｂ検索エンジン大手のヤフー株式会社が発表したレポートによると、日曜日は悩みに関する検索ボリュームが多くなり、「やる気が出ない」「幸せとは」

「つらいときの乗り越え方」といった言葉の検索数が、18～19時の時間帯にかけて急上昇しているというのです。

このデータはまさに、日曜日の夜は悩みが深まる時間になっていることを表しているわけです。

月曜の朝の気分が劇的に変わる

しかし、安心してください。私は心の専門家として30年以上活動してきました。その中で培った、月曜日の朝がラクになる画期的な方法を本書でたっぷりとお伝えしていきます。

しかも、その方法はあり得ないくらい超カンタンなのです。そして月曜の朝がラクになるどころか大好きになり、早く月曜の朝が来ないかとワクワクするようになるでしょう。

「そんな魔法みたいなこと、本当にあり得るの？」
「つらい月曜が簡単に変わるわけがない」

そういった声が聞こえてきそうですね。

でもこれは本当の話です。物ごとには急所があるのです。電話機だって昔は黒電話でしたが、今はスマホです。このように技術は常識を超えて進化していきます。ならば、心の分野だって思いっきり進化していてもおかしくはないですよね？　むしろ進化しないほうが非常識です。

だから、あなたも大丈夫！　本書で、心の急所をお伝えするからです。

心にも「急所」があります

私は北海道の美唄《びばい》という町に生まれました。猛烈に雪が降るところです。実家は石屋で、父は石垣を造る職人でした。子どもの頃のあるとき、父が仕事をしているところを見にいったことがありました。

父のそばにずっといて見ていたのですが、不思議なことに、父はどんな石でも次々と割っていくのです。子どもだった私にとって、それはまさに魔法のようでした。

そして、父はふと私にこう言ったのです。

「康行な、どんな石にも必ず急所があるんだ。その急所をいかに早く見つけられるか。それが長年の経験なんだ。急所を突けば、家みたいな大きな石だって真っ二つに割れるんだぞ」

家みたいな大きな石でも急所があって、そこを突けば真っ二つに割れる。その話を聞いたとき、父が本当に偉大な存在に思え、子ども心に尊敬の念が湧いたのを覚えています。

私はあなたの「心の急所」を突きます。急所をとらえれば、まるで奇跡のようなことが起こるのです。そして魔法のように月曜の朝がラクになっていきます。
今あなたがやるべきことは、この本を読み進めること。ただそれだけです。

職場の人間関係次第で月曜の朝が待ち遠しくなる

仕事にはストレスがつきものです。厚生労働省が5年ごとに行っていた「労働者健康状況調査」では、最も多くの人が感じている職場でのストレスは、人間関係によるものと発表されています。

あなたが職場にいる時間は、1日に何時間ですか？
1日のうち8時間を職場で過ごすと仮定すれば、1日の3分の1もの時間です。睡眠が6～7時間でしたら、起きている時間の約2分の1が職場にいることに。セールスで外回り中心だったり、パートタイマーだったりして仮に1日4時間だとしても、起きている時間の約4分の1は職場にいることになります。

ということは、あなたの人生の貴重な時間のうち、かなりの部分は職場にいるということです。

その時間を快適で楽しい「天国」にするか、不快で苦しく耐え忍ぶ「地獄」のような時間にするか。それは、あなたがどのように「職場の人間関係」を築くかにかかっています。逆に言えば、職場の人間関係さえうまくいけば、ほとんどの問題は解消されるのです。なぜなら、人間関係が良好であれば必ず、あなたへの協力者が現れてくるからです。

たくさんの協力者がいれば、それだけ知恵が出るし、力も増えて、仕事のクオリティもスピードも増していきます。

今の職場で人間関係に問題があるなら、グチを言っているだけでは何も解決しません。「一刻も早く定時が来てほしい」「早く土日が来てほしい」としか思えないような人生では、あまりに寂しいではありませんか。

「早く月曜が来て、会社に行きたい！」と、日曜日の夕方に心からそう思える、そんなワクワクするような仕事ができたら最高ですよね。

同じものなのに、人それぞれ見え方が違う

ストレスとは心の問題ですから、まずは「心の作用」を理解しておく必要があります。

あなたが物ごとをとらえるとき、その物ごとを「認識」していると思います。しかし、ここで興味深い現象が起こります。多くの人が同時に同じものを見たとしても、人によってその認識は全部違っているのです。

例えば、サッカー元日本代表の本田圭佑選手は、困難な事態に直面したときにそれをまずいことだとはとらえず、伸びしろだとしか思わないのだそうです。同じ状況になったとしても、人それぞれ感じ方が違うわけですから、認識そのものが少なからず変わってしまいます。

それは、人それぞれの過去の積み重ね、体験、経験、価値観、体調、心の変化

などによって感じ方が異なってくるからです。

ただそれだけですめばまだいいのですが、自分が見ているものと周りの人が見ているものや認識が違うと、すべての大敵＝ストレスが生じてしまうのです。

自分のことをわかってもらえていないと悩み苦しんだり、誤解されているのではと不安に苛《さいな》まれたり、ときにはそれが恐怖となって人間関係がこじれ、人と疎遠になってしまう。そういった経験があなたにもあるはずです。

そして、相手の誤解を解こうとすればするほど問題が大きくなってしまったり、生きづらさを感じたりして、少なからずコミュニケーションがうまくいかないことの弊害に悩まされてしまいます。

違う色メガネをかけていれば分かり合えなくて当然

この認識の違いをわかりやすくするために、「心のメガネ」にたとえてお話しします。

認識とは、色のついたメガネで相手を見ているようなものです。

あなたは黄色いメガネ、相手は青いメガネで同じモノを見ながら、答えを見出《みいだ》して理解し合おう、握手しようと思ってみても、黄色、青のそれぞれの色メガネで見ているからそれぞれその色にしか見えず、いくら話し合ってもさっぱり解決しません。そのせいでお互いイライラしてしまう……こういうことが起こっているのです。

お互いがかけているその色メガネが、「認識」です。

色メガネを透明なレンズのメガネにかけ替えて、お互いが真実を見れば、もうその場から問題は解決していきます。それも驚くべきスピードで人間関係が改善され、すぐに握手ができます。

その瞬間から幸せな気持ちになり、安心感が出て、平和になっていき、職場がひとつになっていくというわけです。

その「心のメガネ」をかけ替えてしまおう、心の認識を矯正し、本当の美しい姿が見えるようにしよう、というのが本書の一番の急所になります。今からあなたもそれをバンバンできるようになるのです。

誤解してほしくないのですが、これは「イヤだな」と思っていた相手のことを「いい人だな」と思い込もうとすることではありません。メガネそのものをかけ替えるだけですから、自動的に相手の素晴らしさが見えるようになるのです。「そう思おう」とするのと、事実として「そう見える」のとは、全く違うでしょう。自分の見る目が変わったら、視点が変わる。つまり、その瞬間に相手も自分も同時に変化しているのです。

相手の汚点、イヤな面ばかり見えるメガネをかけていたら、誰を見てもイヤになり、周りは敵だらけ。同じメガネで鏡を見れば、自分の顔が汚点だらけに見えてしまいます。

でも、相手の良いところが見える「美点メガネ」にかけ替えると、相手の素晴らしい面が見えて、鏡を見たらそこには素晴らしい自分が映っているわけです。

このメソッドを、私は「美点発見」と呼んでいます。

月曜日に起こるメンタルの大問題

月曜の朝がしんどい……そう思うということは、そもそも月曜の朝に待っている人間関係に問題があるのではないでしょうか。

現代社会では、職場でのパワーハラスメントや孤立、過重労働の増加などさまざまな問題が発生し、働く人の精神的ストレスが増幅していると言われています。そして2020年に起こった新型コロナウイルスの流行も、人々に心の問題を与え続けてきました。

かつての日本社会では「うつ病は甘え」「心を病むのは弱いから」と、メンタルに傷を負った本人を責める傾向がありました。しかし現在、うつ病の人は120万人、さらには1000万人以上がうつ予備軍と言われています。

それは**日本人のメンタルに起こっている重大な危機**と言っていいでしょう。そしてこの危機のほとんどが、人間関係がうまくいっていないことで起こっているのです。

戦後めざましい勢いで経済が成長し、一時は世界第2位の経済大国にまでなった日本ですが、心が満ち足りた国になることはできませんでした。それはつまり、日本全体で人間関係に問題がある証拠にほかなりません。

私はこの問題を、「心のメガネ」をかけ替えることで解消しようとしているのです。


ストレス増大に苦しめられているのは民間のビジネスパーソンだけではありません。公立学校の先生もメンタルに不調をきたす方が大変多く、２０２２年度の調査では精神疾患による休職者が６５３９人にのぼり、過去最多との報道がありました。こういった現実に「甘え」だとか「心が弱い」などと言っていても何の解決にもなりません。

２０１５年からは従業員50人以上の企業を対象にストレスチェック制度が義務化されるなど、政府も本格的なメンタルヘルス対策を講じていますが、これ以上この事態を見過ごせば労働人口の喪失は勢いを増し、最悪の場合、自殺者の増加につながりかねません。**今、私たちは真剣に、心に起こっている問題の深刻さを重く見て、解決していく必要があります。**

厚生労働省の資料によると、2022年において自殺者が発見された曜日は月曜日が最も多く、71・8人でした。自殺者数は週末に向けて減る傾向にあり、土曜日は53・7人、日曜日51・9人と、月曜日への大きな偏りが目立ちます。また、祝日や年末年始に限っては48人と、明らかに自殺者数が少ないのです。

さらに現代の日本において問題なのは、若者の死因第1位が自殺であることです。これから輝かしい人生を歩むはずの若者が未来への希望を失い、生きる意味を見出せず、自ら命を絶ってしまう……。これほどつらいことがあるでしょうか。

自殺に至るにはそれぞれ理由があり、経済や生活問題、育児や介護疲れ、いじめなどさまざまな要因が指摘されています。亡くなられたご本人は、さぞかし苦しかったことでしょう。そして、大切な人を失ったご遺族の心痛も、計り知れないものがあります。

心はとても便利なもの？

私もほんの一瞬ではありますが、いっそ死んでしまいたいと思ったことがあります。

私の母親は、脳卒中で46歳のときに亡くなりましたので、私はその年齢になるのが怖かった。実際に私が倒れたのは、52歳のときのことでした。そのとき、「あっ、来た！」と思ったのです。そして左半身が全く動かなくなり、医者には「もう治らない」と言われました。要介護認定の基準でいえば「5」で、寝たきりになってしまうかもしれない状態でした。そのとき、さすがに一瞬だけ窓から飛び降りたくなった。でも体が動かなかったので、それをせずにすみましたが。

それですぐ、私は逆にこれをチャンスととらえるようにしました。

最初に私がやったのは、小さなノートに自分の美点を書いていくことでした。「指がちょっと動くようになった」「顔色が良くなった」など、どんな小さなことでも回復した点、良くなっている点を見つけて書いていくようにしたのです。看護師さんやお見舞いに来てくれた方にも、お世辞でもいいから私の回復度合いを書いてもらえるようお願いしました。毎日、いろいろな人がお見舞いに来てくれて、ノートにたくさん書いてくれます。

それを続けているうちに、心がだんだん変わっていくのがわかりました。もし「半身麻痺《はんしんまひ》が治ったら幸せ」という発想だと、そもそも「治らない」と言われているわけですから、私は一生幸せになれない。しかし、状況はどうであれ関係ありません。心はもっと便利なものだからです。

私が病院でリハビリをしていたときのこと。私と同じ病気で倒れた男性が「ああ、女房にも逃げられちまったよ」と、横で泣いていました。それを見て不憫《ふびん》に思った私は、療法士の方に「心のリハビリはないのでしょうか?」と聞いたのです。しかし返ってきた言葉は、あまりにそっけなかった。「そんなのは聞いたことがありません」と言うのです。それが当時の医療の限界だったわけです。

その言葉を聞いた私は「よし、それなら私が心のリハビリをやる病院を作ろう」と誓いました。寝たきりになるかもしれなかったのに、自分の足でなんとか歩けるようになり、数年後にはこの誓いを現実のものとしました。ＪＲ東京駅前に「ＹＳこころのクリニック」を創設したのです。

現在、クリニックは門前仲町に移転し、カウンセリングセンターも同じ建物に併設するまでになりました。たくさんの方がここを訪れ、うつ病などのつらい精神疾患から次々と解放されています。喜びの涙とともに、真の健康と幸福を手に入れ、素晴らしい人生へと歩き出していく姿を見せてくれています。

私は自分が倒れたことで、「心のリハビリ」というアイディアがひらめきました。私のメソッドを行う認定カウンセラーは２０００人を超え、日本全国どころかアメリカ、オーストラリア、韓国など海外でも活躍してくれる方々が現れ、現地で苦しむ人の役に立っています。

さらには企業や学校でも私のメソッドは導入され、さらにたくさんの人々を救うことができるようになりました。それは「脳卒中で倒れたお陰」なのです。

私が病気になったのは、眩《まぶ》しく光り輝く美点だったのです。

ひとつの空港に起きた奇跡

ここからは、実際に私のメソッドを導入された企業に登場いただき、心が改善することで組織が活性化したり、メンタル不調がなくなった事例を紹介します。まずは、ＡＮＡ（全日本空輸株式会社）です。ＡＮＡではグループ全社員４万３０００人を対象として、美点発見をはじめとした私のメソッドによる研修が取り入れられています。

その中で最も特徴的なのが、愛媛県・松山空港での事例でしょう。２０１３年から6年間、ＡＮＡエアサービス松山の社長を務められていた谷光宏さんが、積極的に美点発見を推進してくださいました。谷さんが赴任した当初、社員数は１５０人で、6年後は２００人を超える規模になったのですが、谷さんは全社員の美点を書いた「美点発見ノート」を作成し、社員の良いところを記録することを日課としていました。

ノートに社員の写真を貼り、一人ひとりの名前と美点をたくさん書き込んでいきました。大切なことは、どんなことでもいいのでとにかく美点を見つけ、習慣にして記録することだったそうです。

単身赴任していた谷さんは、毎晩このノートをめくりながら読んでいました。すると、社員全員が優秀で、いい人であるとしか思えなくなり、感謝の念が湧いてきました。

谷さんは「この会社の社長で本当に良かった」とつくづく思ったといいます。

すると、谷さんが赴任した最初の年度末から、驚くべき出来事が起こり始めました。空港の規模ごとに品質を競う制度で、松山空港が大規模空港において総合2位となり、ほかにも複数の賞を受賞するようになったのです。しかも、社員満足度調査の数値まで、ものすごく上昇しました。

じつは、それまで全く表彰されることのなかった同空港が、なぜか突然数々の賞を獲るようになった。この事実に驚いたほかのグループ会社の方から「何をしたのか?」と、たびたび尋ねられるようになったそうです。

美点発見ノートを書き続けた谷さんは、**会社の文句を言う人が大好きになっていきました。**文句を言う社員は、間違いなく会社を愛している。そして「こんな職場にしたい」という夢を持っている、その心の奥の深い部分が見えてきて「この人は本当にいい人だな」と思えるようになっていったのだそうです。

また、失敗して落ち込んでいる人も同じで、だんだんいい人に思えてきたといいます。落ち込むのは、「頑張りたい」という思いがあるからこそ。普通、部下が仕事で失敗したら「なんで失敗するんだ！」となるところですが、本当に美点として見えていくようになるのです。

国際線キャビンアテンダントの美しきチームワーク

相手を嫌うと相手からも嫌われることは、誰でも経験があると思います。反対に、心から相手を敬うと、相手からも敬われます。

ということは、心で思うことで相手が変わるということです。

変化は、社員一人ひとりの心や行動にも現れ出しました。

あるベテランキャビンアテンダント（CA）が、責任者として長距離国際線のビジネスクラスに乗務したときの話です。ビジネスクラスには高額な航空券を購入したお客様が乗っており、CAにも高いスキルが求められるのだそうです。

当日、とてもスキルの高い後輩CAもビジネスクラスに乗務していましたが、その便ではエコノミークラスにスキルの高いCAが少なく、逆にビジネスクラスにスキルの高いCAが多い状態でした。そこでベテランCAは、その後輩CAに、手薄なエコノミークラスへの移動を指示したところ、怪訝《けげん》な表情をされ、ギスギスした雰囲気になってしまったのです。この後輩CAは「自分は外された」と感じたのかもしれません。

帰りのフライトも、行きの飛行機と同じメンバーで搭乗します。このままではいけないと思ったベテランCAは、その後輩CAの良いところをたくさん見つけ出しながらそれを態度で示し、フライトを無事に終えることができました。

数日後、ベテランCAの元にグッドジョブカードが届きました。このカードは

ＡＮＡで浸透している文化のひとつで、社員同士、お互いの良い行いを褒めるカードを渡すのだそうです。ベテランＣＡが受け取ったカードは、あの後輩ＣＡからのものでした。そこには「あなたのマネジメントは本当に勉強になりました」と記されていて、このベテランＣＡは大変感激したというのです。

これは、職場の人間関係が変化した大変わかりやすい事例です。後輩ＣＡに怪訝な顔をされたこと自体は、起こってほしくない出来事だったでしょう。実際にその瞬間は嫌な雰囲気になってしまいました。

ところが美点発見をしたことで、いつも助けられていること、その日も違うゾーンに移ってくれて、また助けられたことに改めて気づかされます。そして、感謝の気持ちに変わりました。だから「また一緒にフライトしましょう」という気持ちで臨めたわけです。

後輩ＣＡのほうも先輩ＣＡに対して「礼を欠いたな」と思っていたでしょう。そんな少し後ろめたい気持ちで乗務したとき、大らかなとても広い心で接してもらえたことで安堵《あんど》したと同時に、「何てすごい人なんだろう」と尊敬の念を抱いた。そういう心の動きが生まれたわけです。

メンタル不調のスタッフを復活させた、元気になる面談

ある日、ＡＮＡのとある部署のマネージャーが、部下からメンタル不調で出社がつらいと相談されたとき、部下の美点発見を徹底的に行いました。そして、そのマネージャーは美点発見をしながら部下と面談しました。面談後、そのスタッフは「頑張れる気がしました」と言って、出社できるようになりました。

なぜ、元気になったのか？　それは、美点発見によってマネージャーがスタッフの悩みに先入観なく耳を傾けられたことが大きな要因なのです。

その姿勢のことを〝傾聴〟と言いますが、特にマネジメントする側にとって傾聴は重要なスキルです。でも、一般的にはこの傾聴というのが難しい。なぜなら、人は誰かの話を聞いているとき、頭の中では自分と会話しているからです。

会話する際に、避けなくてはいけないことが2つあります。ひとつ目は自分の価値観を押しつけること。2つ目は相手を変えようとすること。どちらも管理職の人がしがちなことです。一番必要なのは、相手を分かろうとすること。ここがポイントです。

悩みというのは、愛を求める叫びなのです。その人の悩みの中に、すごく大切なポイントが必ずあります。

ANAグループ4万3000人が対象の〝愛の研修〟

人の価値観は、これまでの学びや過去の経験から作られるもの。だから10人いたら10とおりの価値観があるということです。特に組織の中では、それぞれの価値観でぶつかってしまうことがよくあります。

先ほどの谷さんは、ＡＮＡの社内でチームビルディングに関する研修を行っているそうです。チームをまとめようと思ったら、何を目指すのか、ゴールを設定することが必要です。十人十色の価値観をひとつにしないとチームは強くなりません。一人ひとりの個性を活《い》かしつつ、ゴールを一致させることがチームビルディングで大切なのだと考えていらっしゃいました。

研修では「スタッフ一人ひとりに合わせることの大切さ」を伝えているそうです。つまり、実際の職場で重要なのはスタッフが変わるのではなく、まずはチームビルディングを担っているリーダーが変わることが求められるのです。

チームメンバーの強みを引き出せるリーダーには何が必要か？　それは、一人ひとりを愛することだ、と谷さんは伝えています。愛はすべての人が共通して持っている普遍的なものだからです。

私は谷さんから「美点発見の本質とは何ですか？」と尋ねられたとき、「心の中の色メガネを外すことです」と答えました。

相手を変えようとして美点発見をしてもなかなかうまくいきません。谷さんは、自分の心に感謝があふれたときに、色メガネが外れたのです。

落ち込んでいる社員に「頑張りたいと思ってくれていたんだね。ありがとう」と思えたのは、相手が変わったわけではありません。文句を言う社員がいい人に変わるのは、自分自身の色メガネが外れたからなのです。

心が愛で満ちる「満月の法則」

人間関係を満たすには、先に心が満たされることが重要です。

「仕事も人間関係もうまくいかない」

「こんなに頑張っているのに報われない」

「生きていてもつらいことばかり……」

こうしたことで嘆き悲しんでいるあなた。それは、これまでも触れてきたとおり、人の汚点を見る「汚点メガネ」をかけていることが原因です。それを「美点メガネ」にかけ替える、とっておきの法則をお伝えしましょう。

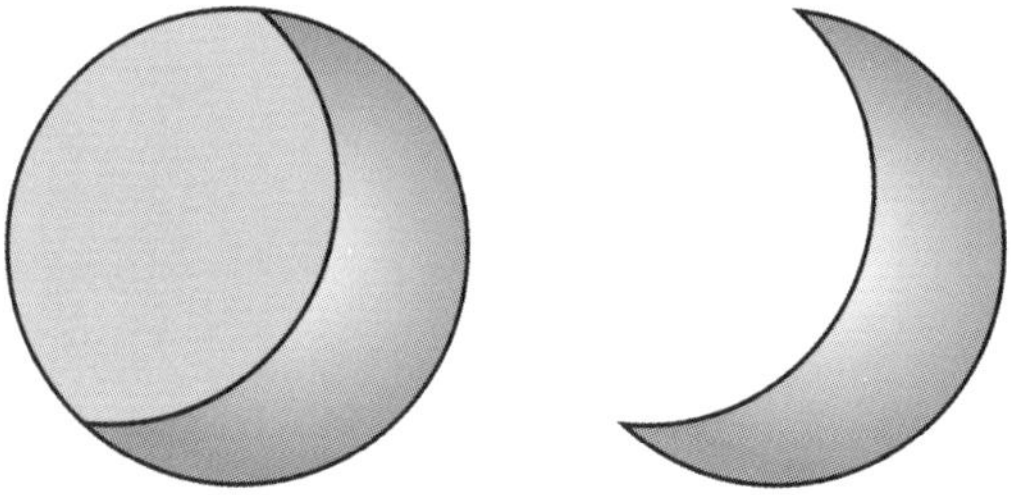

それが「満月の法則」です。
まずは上の右側のイラストをご覧ください。
何に見えるでしょう？

「三日月だ」とあなたは言うでしょう。

そう、まさにそのとおりです。でも、三日月という月は、本当にあるのでしょうか？　三日月という形をした月が、宙に浮かんでいるわけではありませんよね。実際は左側のイラストのように、いついかなるときも球体――まんまるなのです。それが三日月に見えるのは、太陽の光が反射して、それが私たちの目に入り、脳でとらえた像なわけです。たまたま太陽の光が当たった部分だけを見て、三日月、半月、満月だとか言っているわけですね。

言い換えれば、そう見えているだけの「認識の世界」なのです。

私たちの目がどう認識しようとも、実際の月はいつもまんまる。これと同じことが、人間関係でも言えます。

そもそもあなたは、三日月ではありません。完璧で素晴らしい、愛いっぱいの存在としてこの世に生まれてきました。

それなのに、あなたは欠けて見える部分、つまり三日月を見て、何かが足りないという幻にとらわれているのではないでしょうか？

本書を今読んでくださっているあなたは、犬や猫などの動物ではなく、人間ですよね。私はそれを実際に確認したわけではないですが、たぶんそうでしょう（笑）。なぜならそれが「前提」だからです。

あなたが男性なら、別に裸になっていちいち確認しなくても男性ですね。それと同じように、あなたが完璧であること、満月であることを確認してから物ごとを進める必要はないわけです。

いきなりまんまるの満月からスタートしていいのです。そこに気づけば、見える世界が一変します。

社員は全員、欠けることのない満月だ

谷さんは、満月の法則と美点発見をうまく組み合わせ、組織を活性化していきました。社員はもともと、まんまるの大満月。それは無条件の信頼だと言えますが、問題があっても野放しにするという意味ではありません。

会社として言うべきことは言わなければならない。問題がある社員がいたら、谷さんはどのように対応していたのでしょうか？

「例えば、遅刻を繰り返している人がいるとします。そんな人は、普通は満月には見えないですよね？　三日月に見えるかもしれません。だとしても満月を前提にしてとらえると、展開が変わってきます」

どんな人でも、会社に入ったら活躍したい、成長したいという気持ちは持っている。本人にとっても遅刻をするのは不本意なはず。そこをスタートラインにしたとき、本人にかける言葉が変わってきます。

「だったら、遅刻をしないようにする工夫をすれば、あなたは会社の中で活躍できるじゃないか」と、必ず相手の満月にアプローチしました。

谷さんは社員の仕事がうまくいかず、悩みを抱えていたとしても、満月の存在である前提でとらえようとつねに心がけていたそうです。

そのために絶対に外せないのが〝傾聴〟でした。社員が何を考えているか本人から直接聞くことで、一人ひとりの心の急所を見極め、個性を引き出すことができるからです。

それは、Z世代の若者を育成するときにも非常に有効だと谷さんはいいます。

Z世代とは1990年代中盤以降に生まれた世代を指しています。ネットやスマホなどにとても長《た》けていて、これから社会での活躍が期待されています。

しかしその反面、前の世代の人たちはそこまでネットなどに詳しくない人が多いので、企業内においてコミュニケーションギャップが発生し、問題になることがあります。

また、Z世代は会社内でもフラットさを求める傾向があると言われ、一方、年長者はトップダウン型でずっとやってきましたので、マネジメントへの価値観も違うのです。さらにZ世代はワークライフバランスを重視する傾向が強いと言われています。

このように、世代間のさまざまな考え方の違いが、マネジメントの壁となる場合があります。企業で言えば、それは利益の損失に直結するわけです。ですので、今多くの企業がそのための対策を講じようとしています。基本的には世代間の違いを理解し、柔軟な対応をしていくことが必要不可欠でしょう。

谷さんは、Z世代は押しつけを最も嫌う世代だととらえ、その個性が活かされる方向へ導いていきました。すると本人の思いも満たせ、希望が湧き、大活躍してくれるようになるわけです。そして一人ひとりの活躍が、より組織を強くしていったのです。

コロナ禍でも過去最高益を達成した愛の経営

愛知県内でスポーツクラブを経営するIさんは、今年で創業100年を迎えたグループ企業の社長です。離婚をきっかけに、10年以上前から私の研修やコンサルティングを受けています。

コロナ禍では、非常に厳しい状況の中、これまでの経営方針の見直しを迫られました。Iさんは、祖父の代から三代続いてきた事業を整理し、雇用に関しては社員の生活を最優先に考えた最善策を実施。結果的にコロナ禍でも、利益が過去最高益となる快挙を成し遂げます。

その理由をIさんに尋ねると「これまでとは、物ごとを考えるときの視点が変化したからです。事業と組織を強化するために何をすればよいか、を考えるようになりました」と答えてくれました。

じつはIさんの社長机の引き出しには、従業員の美点を書き出した紙がぎっしり詰まっています。１００個の美点を書き込める「美点発見シート」を使っていて、お客様のシートもたくさんあります。それと同じぐらい、自宅のデスクの引き出しの中にも、家族の美点発見シートがいっぱいあるのです。

「10個の美点を書くと、気づくとどれも同じようなことを書いているときも多いんです。ただ、それでもどんどん美点を書いていくと、従業員やお客様に対して感じ方が変わってくるんです。みんなを好きになるんです。もう、好きとしか思えない心が出てくる、そんな感覚です。

それまでだと、好きにならなくてはと思っていました。でも今では、そう考えることはなくなり、人を好きとしか思えない心に変化しました。これは、実際に書いた人でないとわからない感覚だと思います」

それからというもの、従業員が喜んでくれる機会が増え、社員同士の関係性が良くなっていったといいます。そうなると、社員全員がよく笑うようになって、お客さんと接する際も、明るく元気な対応に変わったのだそうです。この変化がとても大きかったと教えてくれました。

Iさんは、家族、従業員、お客様の美点を一生懸命書き続けました。するとなぜかじんわりと愛情が湧いてきて、優しい気持ちになっていったそうです。そして周囲の人たちにかける言葉が変わり、選択や行動も変わっていきました。

心の状態が変わると、従業員との距離感は変化し、会話も変わります。言葉が変わり、行動が変わり、仕事への向き合い方が変わったことで、社員から生まれる企画の質が格段に良くなっていきました。

そして、業績はコロナ禍にあっても最高益を出します。客数が大幅に伸びたわけではなく、社員一人ひとりがより自由度高く、積極的に動く。顧客対応の質が向上したことによって、業績が伸びたのです。

「以前の会議では、ここがダメだ、あれをどうにかしよう、という現状を改善する意識での会話が大半でした。現在も、改善が必要な状況に変わりはないものの、会話する内容が変化したんです。

例えば、目の前の従業員が、日頃から頑張って業績を上げているとしたら、なんて声をかけるだろうか、と視点が変わったんです。『入会する人数が少ない原因は何か?』ではなく、『お客さんに喜んでもらえる、この価値を大勢に伝えるにはどうすればいいと思う?』という具合です」

毎日、美点発見を書いていなかったら、そんなふうに話そうとは思わなかったことでしょう。会議の時間は従来どおりです。しかし、その中で交わされる会話が変化しました。

これと似たようなことが家庭の中でも起こっていきました。この数年で、離れて暮らす息子さんが、今の家庭で同居している3人のお子さんと会い、一緒に出かけたりするようになったといいます。

また職場では、従業員が結婚したとか、子どもが生まれるとか、そんな明るい話題が増えていったそうです。

心のフィルムが変われば映像も変わる

「僕は、生命力が上がっていると思うんですよ」

Iさんはこんなふうに、熱く語ってくれました。


「美点発見をどんどん書いていくと、家族や自分の身近なところから、明るくなっていくように感じます。ちょっと言葉を変えると、元気になっていく、健康になっていく、生命力が上がっていく、そんな感じです。

愛する人の幅が今日も増える。明日も少しずつ愛する人の幅が増えていって、薄紙を剝ぐように関係が変わっていっている。そう思います。ある人を思って美点を探していると、それを起点に人と向き合う心や人に対する姿勢が変わる。だから、人間関係すべてに影響するような気がします。

美点発見するのが難しい人だっているんです。でも、一生懸命に心を掘り進めて書いていく。『次は何があるのかな』と心を耕すから、さらに心が変わる。そして、結局、同時に全体的に変わっていきます」

この話をたとえるなら、心がフイルムで、現実に起こる出来事は映写機で映し出された映像です。フイルム自体が変われば、当然、映像も変わります。人に向かう心のフイルムごと変わるわけです。

家族に対しても、従業員に対しても、お客さんに対しても、心の状態が変わることが、人間関係をはじめとして人生全体を良くしていきます。

「自分を中心に周囲の人も僕と同じように変化していくんです。自分が放った光が広がって、みんなが輝き出して、そうやって明るさがどんどん広がっていきました。

すべての人を好きとしか思えない心は、もともと自分の潜在意識の下にあって、それが表に出てきたんじゃないか、そんなふうに思っています。自分が出そうとしたのではない。美点を書くと出てくるんです。でも、書かないと出てこないんです。気づくと出てきている。そこが、美点発見のすごさです。美点を発見して書くだけなんですよ。それ以外のことはやっていません。美点発見しかやっていないのに、人間関係が全部変わっていくんです」

Iさんは社内研修に美点発見を取り入れ、新人研修では満月の法則を教えています。経営者として自分の心に翻弄されないで、しっかり向き合い、コントロールできるようになったことで、その状況に最適なアドバイス・決断ができるようになりました。Iさんはたった一人から始めた美点発見で、自分と周りのすべてを変えたのです。

「褒める」と「美点発見」の違い

「美点発見」と「褒める」は、よく似ていますが、別ものです。

褒めるには、いくつか種類があります。例えば、自分のために自分の都合で他人を褒めること。それは多くの場合、上下関係のときです。社長が部下を褒めるのです。例えば、新入社員が社長に対して「立派になったねぇ」とは言いませんよね。

しかし、新入社員でも、社長の美点発見はできます。尊敬できる点や素晴らしい点を発見されて怒る人はいません。同様に、後輩や部下が先輩や上司の美点を発見することもできます。

褒める場合は、上司が部下を褒めるなど、目の前に相手がいることで成立します。つまり、褒めるためには相手が必要になります。独り言で相手を褒めることはできません。

美点発見は一人でできます。相手に伝えなくてもできます。ここが決定的な違いなのです。美点発見は相手を思い浮かべながら、一人でノートに書けばいいだけです。それは、色メガネをかけ替えることなので、一人で行って自分の変化に気づくことができます。

しかし、直接褒めようと思ったら、こうはいかないでしょう。相手が不審に思うかもしれませんし、やっぱりやめておこうかなと、思いとどまることもあるでしょう。褒めるときには、どうしても相手が関わるため、その相手が影響を及ぼします。一方、美点発見は、直接本人に言わなくてもできるので、相手の感情に振り回されずにすむのです。

月曜に会う前に、週末のうちに美点発見をする。それだけで、相手が変わります。繰り返し言いますが、色メガネのレンズが替わるので、相手が変わってしまったように見えるわけです。

また、褒めるときには、本当は思っていなくても何かしらの目的のために褒めるというケースがあります。しかし美点発見は、相手の素晴らしい点を「全くそのとおりだ」と心の底から思って言葉にします。ですから、言葉の持つ迫力に大きな差が生まれます。

美点をたくさん発見し書けば書くほど、あなたはボキャブラリーが豊富になります。そうなると、いつでもその状況にふさわしい最適な言葉が自然と出てくるようになっていきます。そして、失言をすることはなくなります。

普段から美点を発見する心づもりになっていれば、自然とそういう言葉づかいや態度になるものです。

美点発見では、相手を美点のかたまりだととらえます。美点発見を続けて、人の美点を見抜く目を養っていきましょう。相手の最高に素晴らしい部分を見つけられるようになると、出会う人すべてに対して、美点のかたまりとしての対応が自然とできるようになります。そうなれば、職場でも家庭でも、あなたがいる場所が天国になります。月曜も火曜も水曜も、毎日ずっと最強の大吉というわけです。これはつまり、最悪の月曜日がきっかけとなり、運命が大好転したのです。


あなたが相手の素晴らしさを心から感じると、あなたの意識に変化があらわれ、あなたが発するエネルギーも変わっていきます。ですから、あなたと出会った瞬間に、すべての人が元気になり、やる気が出るようになるのです。

あなたは、関わる人すべてを笑顔にする、そんな素晴らしい人になっていくのです。

第2章

心のダメージがまるごと消える魔法

▼いじめ、不登校、教室の問題もすべて解決

いじめや不登校が存在できないクラス

人間関係に悩むのは、なにもビジネスの世界にかぎりません。美点発見の効果は、あらゆる場面で発揮されます。

以下は教育の現場でこのノウハウが採用されて大きな成果を上げた実例です。いじめや不登校など、教室で起こるさまざまな問題がどのように解決していったのか、どうぞじっくりご覧いただきたいと思います。

五嶋《ごとう》英美さんは、熊本で小学校の教師を35年間務めた方です。

とてもやりがいのある仕事として取り組まれましたが、いじめや不登校の問題に悩みました。そして何より、ご自身の娘さんも登校しぶりで、一人の母親として悩んでいたのです。だからこそ真剣に、対症療法ではなく、どの子もやる気が出ることでいじめや不登校から立ち直れる方法はないか？　クラスの全員が楽しくなる方法はないか？　そればかりを考えていたのだそうです。

五嶋先生が美点発見のことを知ったのは、今から15年前のことでした。その頃から私が講師を務める研修に通い、素晴らしいと思った内容は、教わった翌日からクラスで取り入れて、毎日続けました。

いいところを発見するだけという「美点発見」を、多くの子どもたちはすぐに受け入れてくれたといいます。

五嶋先生は、受け持ったクラスの児童に日記を書かせていました。毎日の最後に1行でも2行でもいいから、美点発見を書いてもらいます。そして、帰りの会で自分たちが発見した美点を発表し合います。これを始業式の翌日から1年後の終業式まで続けられました。

毎日続けるうちに、子どもたちは夢中になってしまうのだそうです。長く続けていると、もう何もかもが楽しくなり、顔がゆるんでくるのです。

「先生、顔がニヤけて止まりません」

始めて1か月ほど過ぎた頃から、そういう言葉が聞かれるようになります。これはもう、おもちゃを買ってもらったり、お小遣いをもらったり、そういう事柄がうれしいということではありません。

雨の日に外で遊べないときや、ちょっとした隙間時間があると、美点発見の用紙に向かって自主的に書くようになり、たくさん書ける子になると、3000個、4000個とすごい数の美点を発見できたというのです。

そうなると、クラスの結束力が高まり、クラスマッチで優勝したり、1年生から6年生までのクラス対抗の大縄大会で、3年生が全校18クラス中、2位になったことも。美点発見を続けているうちに、生きていること自体が楽しくてしょうがなくなる。子どもたちはそんな感覚になっていきます。そしてこんな素晴らしいクラスには、いじめや不登校といった問題のほうが存在できなくなっていくのです。

クラス全員大号泣、いじめが消えた

五嶋先生が6年生の担任をしていたときの出来事です。

そのクラスには、いじめられっ子のけんた君と、いじめっ子3人組がいました。毎日、帰りの会で「美点発見」を続けていると、けんた君はクラスのドッジボールの仲間に入るようになっていきました。

そうなると、おもしろくないのは、いじめっ子3人組です。2学期のある日、事件は起きました。いじめっ子たちが五嶋先生のところにやってきて、こう言ったのです。

「先生、ドッジボールをしてたんだけど、けんたが最後に使ったのに片づけなかったから、ボールがなくなりました」

すると女の子たちがすかさず言いました。

「先生、違うけん。けんたは今日はブランコで遊んでた。この子らが遊んでたボールを『おまえ、片づけとけよ』ってけんたにぶつけて、それでどっかに転がっていったんよ。だから、けんたは片づけんでいいんよ」

五嶋先生はこの話を聞いて、いじめっ子たちにこう聞いたそうです。

「けんたが最後に使ったのね？　けんたが片づけなかったのね？」

そう聞いていくと、いじめっ子たちは「いえ」「いや」「違います……」と答えます。

けんた君の周りでは、女の子たちがけんた君を応援します。今度は、けんた君が先生の前に来て、言いました。

「先生、僕がボールを探してきます」

「何で？　ボールを使ってないんでしょ。けんたは探しにいかんでいいんじゃない？」

「だって、僕がボールを探してきたら、その子たちは先生に怒られずにすむでしょ。先生、僕が探してくるから、その子たちを怒らないで」

けんた君はそんなふうに言ったのです。けんた君のあまりに純粋な優しさに、五嶋先生は思わず号泣してしまいました。すると、クラスのみんなもわんわんと泣き出して「先生、私探してきます!」「僕も探してきます!」と口々に言って、グラウンドに飛び出していったのです。

取り残された3人も「俺たちも探してきます」と、教室から走り出していきました。

そしてその日を境に、けんた君へのいじめは嘘のように消えてしまいました。

6年間、場面緘黙症《ばめんかんもくしょう》だった児童が初めて手を挙げて発表

のぶゆき君は、1年生の頃から6年生になるまで、話している声を先生たちが一度も聞いたことのない児童でした。場面緘黙といって、家族や仲のいい友達とは話せても学校では全く話さない子どもだったのです。

五嶋先生は、クラスで毎日、全員で「美点発見」を続けていました、帰りの会

の「美点発見タイム」では、発見した美点をみんなで発表し合います。ある子がこんな発表をしました。

「のぶゆきは聴くことの神です」

周りのクラスメイトも「そうだ、そうだ」と拍手喝采です。のぶゆき君は話すことができないんじゃない、みんなの話を聞くのがとても上手だというのです。

するとのぶゆき君は、その後から授業中に手を挙げて、話すようになったのです。小学校最後の授業参観は美点発見の発表会でした。手を挙げて友達の素晴らしいところを発表したのぶゆき君。その姿を目にしたご両親は、涙を流して喜んでいらっしゃったのでした。その光景は、今でも五嶋先生の印象に強く残っているのだそうです。

五嶋先生が担当したクラスは、不登校が100%解消したそうです。ポイントは子どもたちに登校を強要しないこと、美点発見に結果を求めたり、効果を期待したりしないで、愚直にコツコツと続けることでした。子どもたちは自然に変わっていくのだそうです。美点発見を続けてさえいれば、とにかく素晴らしいクラスになっていくのでした。

五嶋先生は美点発見を続けた結果、不登校やいじめの問題が解決していったことを職員会議で報告していたそうです。美点発見を取り入れたクラスは、全く同じように素晴らしいクラスになっていきました。

美点発見を始めてから一定の期間は、「こんなのやって何の意味があるの」という態度の子もいたのですが、そういう子には「先生ね、無理に押しつけるのは好きじゃないんだ。やりたくないなと思ったら無理しなくていいよ」と伝えていたそうです。

でも、どこかのタイミングで子どもたちは必ず参加し始めました。周りの変化を感じて、自分だけが取り残されそうになっていると気づくからです。

ある日、五嶋先生は道徳の授業の中で子どもたちにこう伝えました。

「誰の中にも素晴らしい本当の自分がいるんだよ。美点発見で、みんなはその本当の自分を見つけたんだよ。これから『何かしたいな』とか、『これはやりたくないな』とか思ったときには、自分に聞いてみてね。『本当はどうしたいの』って。本当の自分はどうしたいのって聞いてね」

それを聞いた子どもたちは「やったー！」と叫び、小躍りして喜んだそうです。

穏やかで温かいクラス

五嶋先生が受け持ったクラスで子どもたちが美点発見をしているうちに、いじめっ子が孤立して、保護者から苦情が寄せられたことがありました。

「うちの子が、最近、クラスのみんなと仲が悪いと言っている」

その子は、自分の都合の良いように親に言ったのでしょう。五嶋先生はその保護者に、美点発見をしていること、クラスメイトに変化が起きていることを伝えると、保護者は青ざめたそうです。そして「あんたも今日から美点発見やりなさい！」と、自分の子を叱るようなこともありました。

子どもたちはとても素直で、どんどん変化していきます。低学年から高学年まで、五嶋先生がどんなクラスを担任しても、美点発見を続けていると、みんなが穏やかで温かく、まるで温泉のようなクラスになっていきました。

その一方で、ほかの先生に美点発見の素晴らしさを伝える難しさも痛感されたそうです。こんな反応をされることもあったからです。

「全員を好きになるとか、無理ですよね」

「こういうの、自分には無理っていうか……」

五嶋先生には、まずは教師や大人が美点発見を続けることが必要だと感じられたそうです。美点発見を続けることでどういう展開になるのか、未来が見通せるからこそ、子どもにも保護者にも「大丈夫」と言うことができます。その揺るがない心が、大人にこそ必要なのです。

子どもたちがくれた最高の卒業証書

五嶋先生は、子どもたちからもらった手紙を一生の宝物として、すべて大切に保管されています。前述したいじめられっ子のけんた君は、転校してきた3年生の頃からずっといじめにあってきました。
そのけんた君をいじめていた子が、卒業式の日、ノートを破って五嶋先生に渡してくれたという手紙をご紹介します。

1年間、ありがとうございました。
ぼくはみんながいたからこの1年間とても楽しかったです。
ぼくはよくけんた君とけんかをしていました。
＊五嶋先生㈱けんかじゃないです。いじめです（笑）。
けんた君は心優しい人で思いやりがすごくあり、ぼくが怒られているときに

先生に怒らないでくださいと言ってくれたんです。
とてもうれしかったです。
けんた君はどんどん成長していくけれど、ぼくはあまり成長していないので
けんた君を見習いたいです。

この手紙は五嶋先生にとって、最高の卒業証書なのだそうです。
そして、同じクラスで女子のいじめの中心だった子が、小学校を卒業してから
くれたという手紙もご紹介します。

五嶋先生、こんにちは。お久しぶりです。
私は中学校でも先生から教えてもらった美点発見をしています。
友達と嫌なことがあっても、いじめたくなっても、美点発見をすれば仲直り
しようかなと思ったり、初めての友だちの美点発見をすると気づかなかった
ことに気がついたりとたくさんいいこともありました。

美点発見、そして先生にも感謝しています。たまには遊びに行きます。
身体に気をつけてお仕事をがんばってください。
私もがんばります。先生大好きです。

五嶋先生の地域では、小学校を卒業すると、みんな同じ中学校に入学するのだそうです。いじめの中心だった子が、中学校でも美点発見を続けていると五嶋先生に伝えてくれました。五嶋先生にとってこれほどうれしい言葉はありませんでした。

次の手紙は、けんた君からです。

みんながたくさんぼくのいい所を見つけてくれてとてもうれしかったです。
ぼくには知らないことがたくさんありました。ぼくはみんなからこんなにいっぱいいい所を見つけてもらえていると知りました。いい所発見は自分がこう思われているんだって、本当はみんなこんなふうに思ってくれていたんだと分かるので、人生で一度はやったほうがいいと思います。

ぼくにこんなにいい所があるとは正直思いませんでした。

美点発見を知らない人は、嫌なことやイライラ・ムカムカするときでも、美点発見をするととてもスッキリして、心がポカポカした気持ちになれます。

友達とか家族とかとすると、とっても心が温かくなると思いますので、皆さんもやってみてください。

〈美点発見を1年間続けた子どもたちからの感想〉

・人のいいところしか見えなくなった。
・嫌いな人がいなくなった。
・クラスがまとまってひとつになった。
・みんなが仲良し。
・一日がとても楽しい。
・とってもクラス全体が明るくなった。
・自分たちで考えて行動できていく。
・前は友達がいなかったけど友達がたくさんできた。
・思いやりがいっぱいあふれている。
・クラス全員に何でも言えるようになった。
・みんなすごく伸びた。
・初対面の人でもすぐ仲良くなれるようになった。
・みんなの考えが大人っぽくなった。

・けんかがなくなった。
・みんな何も考えずに手を挙げるようになった。

受け持ったクラスでは長期的な視点に立って美点発見を取り入れていた五嶋先生ですが、比較的短い期間でもじゅうぶん効果を発揮できます。

あるとき、五嶋先生は講演会で高校生の女の子、愛さんに出会いました。愛さんは手を挙げて「こんな私でもお母さんと仲直りできますか?」と質問されたそうです。あとで訳を聞いたところ、愛さんはその頃反抗期が続いていて、母親に言いすぎていたという罪悪感があったそうなのです。

五嶋先生は愛さんに宿題として「お母さんの美点を100個、1週間で私の携帯にメールを送ってね」と伝えました。愛さんから送られてきた美点100個のあまりの素晴らしさに、五嶋先生は大変驚いたそうです。

愛さんに「このメールはお母さんにも送ったの?」と聞くと「いいえ」と言うので、ぜひお母さんに送ってあげてと伝えました。

すると間もなく、お母さんから五嶋先生に「笑ってしまいましたが、すごく嬉しいです。娘からの美点発見は宝物です」という、喜びのメールが届きました。

校長先生からの驚きの報告

日本の高校生たちは、ほかの国に比べて自己肯定感が低いという調査結果があります。独立行政法人 国立青少年教育振興機構が発表した資料によると「自分はダメな人間だと思うことがある」という設問に、「とてもそう思う」と答えた日本の高校生は25・5%でした。ほかの国では、アメリカの高校生が14・2%、中国は13・2%、そして韓国はなんと5・0%と、大きな開きがあります（２０１４年度の比較)。

自己肯定感の低さを改善するような授業は、通常では行われないでしょう。しかし、じつは心のことこそ、一番解決しなければならない問題なのです。自己肯定感が低いとうつなど心の病につながりやすいと言われていて、学習意欲も下がりがちになり、学校生活そのものが苦しくなってしまいます。
また、友人、先生、家族との関わりを避けがちになり、社会性の発達に悪影響を及ぼす恐れもあります。それは社会に出ることへの不安につながり、自分の素晴らしい将来像を描けなくなってしまうのです。

こんな心の状態では、学校に行きたくなくなる子の気持ちも理解できます。

こういった現状の中、私の研修を受けてくださった北海道にある私立高校の校長先生が、その学校で美点発見のワークを行ってくださいました。そして、次のようにご報告いただいたのです。

「私は、現代の教育が何か停滞していると感じながらも、何十年と過ごしてきました。そういった中、私の学校で取り入れた美点発見は、驚くべき成果をもたらしました。このワークを通じて、生徒たちは自己肯定感を高め、ほかの生徒の素晴らしい面を発見することができるようになりました。

この大きな変化は、生徒たちだけでなく、教職員の意欲にも好影響を与えています。教育環境が改善され、学校全体がより魅力的になり、保護者の皆様や地域からも高い評価をいただけるようになりました。

サッカー、バドミントン、陸上競技、テニスなどの部活動も素晴らしい成果を上げており、大会で活躍し、それでいながら勉強への集中力も増しているようです。ここまで多方面にわたって影響のある成果が出たことは、非常に価値のあることです。

生徒たちは自分の内面を探る機会が限られていました。しかし今後は心を大切にする教育が、将来の教育の進化をもたらすと信じています」


私はこの校長先生が子どもたちの自己肯定感を高めてくださったことを、心からうれしく思いました。部活動での活躍や勉強意欲の向上があったのは、生徒一人ひとりの内面が肯定的になった結果です。このような生徒たちが社会に出れば、豊かな人間性を持ったリーダーとして大活躍するでしょう。

この校長先生からは、生徒たちの心を大切にする教育の可能性を示す貴重な事例を見せていただきました。子どもたち、若者たちの素晴らしい人間性を引き出し、重視する教育こそが、これからの学校教育の姿なのです。

インターナショナルスクールの生徒、教員がまるごと激変

次にご紹介するのは、あるインターナショナルスクールで「美点発見」のワークを行った皆さんからの感想文です。この学校の生徒たち、教職員、保護者、すべての人が「美点発見」に取り組んでくださいました。

ワークを通じて学校の雰囲気が一変し、生徒や教師の皆さんはお互いの良いところを見つけ、それを伝え合うようになったのだそうです。

人間関係が良くなれば、そこにいる人たちにとって過ごしやすく、大切なコミュニティになります。相手の良いところを見つける姿勢と、それを継続することで得られる効果は、国籍、人種問わず共通しています。

＊＊＊

・美点発見を始めて、自分自身の心もきれいになり、他人を賞賛する声が自分の

中から、自然に出てきました！　今後も学級で美点発見を継続しながら、互いを認め合い、愛にあふれた学級にしていきたいです。（生徒さん）

・美点発見を始めて、クラス全体が友達に対する関心が非常に高くなり、お互いを認め合う心が生まれてきました。今後も美点発見を継続し、模範が多く生まれる、模範学級を目指して参ります。（生徒さん）

・美点発見のお陰で、子どもたちの人に対する意識、関心が、どんどん変わってきている。これから教職員同士も父母会も、美点発見をどんどん取り入れ素晴らしい学校へと変えていきたい。（校長先生）

＊＊＊

学校生活の中で、家族や友人、そして教師など周囲の人との間にも緊張関係が生じることがあるでしょう。そうなる前に、そしてそうなった後でも、相手の欠点が見える心のメガネを美点発見メガネにかけ替えてしまうことが大切です。

生徒たちは相手を尊重し、自分自身が幸せに貢献でき、そして愛いっぱいになれることを体験しました。周囲の人たちとの関係がうまくいけば、誰もが安心して暮らせる社会につながっていきます。

国同士の関係もそうです。今、世界中で戦争や紛争が多発しています。この状況だからこそ、特にお互いの美点を発見することが平和をつくることにつながります。愛は無限です。学校のいじめ問題も解決しますが、それと全く同じやり方で、より平和で、幸せで、過酷なストレスのない世の中をつくることができるのです。

教育問題は戦争の後遺症

不登校や引きこもり、いじめが大きな問題になっています。SNSなどで24時間、365日つながれる便利な世の中になった反面、誹謗《ひぼう》中傷などがあれば休みなく心にダメージを受ける場合があるとも言えます。子どもや若者も心に不調をきたしていますが、既存の医療や教育のやり方では、なかなか根本的な解決には至らないようです。

私はうつ病や引きこもりの原因は、「戦争の後遺症」にあると思っています。世界中に戦争の歴史があります。日本には、戦国時代に国盗《と》り合戦があり、豊臣秀吉も徳川家康も、勝った人が正義になっていました。昔の英雄とは、けんかに強い人のことです。相手をたくさん殺した人に、領地や金品などの褒美を与えていました。

近代では日清戦争、日露戦争、第一次世界大戦、第二次世界大戦と、ずっと戦争の歴史です。今までの教育は、戦争で勝つためのものになっていて、勝った人を偉い人だとしていました。

もちろん日本だけではなく、世界中がそうです。次のようなナポレオンの有名な言葉があります。

「人間はおもちゃで動く」

おもちゃとは、勲章のことです。勲章がほしくて命をかけて戦います。だから、戦争を元にした教育になってしまうのです。洗脳するためにそれをインプットしていくのです。

しかし、私がしていることは、アウトプットです。あなたの中にある、素晴らしい、愛そのものの本当のあなたを引き出します。愛の心が出てくるわけですから、相手を殺そうなんていう発想はそもそも出てこなくなります。

戦争に行けば、自分も敵に殺されるかもしれない。それでも戦争に行かせるには、相当洗脳しなければならないでしょう。今になっても、それが世界で起きているわけです。

軍国主義の時代には、上官から「明日、鉄砲を持って殺しに行け！」と命令されたら、行かなければなりません。誰も人を殺したくないし、殺されたくもないのが本音のはず。だから「お国のため」と言って洗脳するしかないのです。

私の父親も長く戦争に行っていました。父から聞いた話ですが、戦時中ものすごく威張っていた上官がいたそうです。終戦になった途端、部下だった人間がその上官のところへやってきて、階段から突き落としたというのです。それほどの恨みがあったのでしょう。

当時、上官の命令は絶対という時代でしたが、現代でもその頃と同じように上からかぶせるやり方が、いまだに残っています。人間の本来あるべき姿を無視して、型にはめようとすることを私は「かぶせ」と呼んでいます。良かれと思って、理想を押しつけるのもかぶせです。この「かぶせ」が教育の分野にも残っていて、若年層のうつや引きこもりの原因になっているのです。

日本は戦争に負けて、平和国家へと変貌を遂げました。しかし戦後、仕事や教育現場でも、軍国主義で教わってきたやり方しかわからない人が多かった歴史があるのです。

黒電話がスマホに説教していないか？

科学技術の発達はめざましく、電話機ひとつとってみても、黒電話からスマホへと進化を遂げました。しかしながら、人の心の世界は昔からほとんど進んでいないのが現状です。頭脳は発達したのですが、心のレベルではいまだ原始人のままであると言っても過言ではありません。

社会はつねに変化しています。教育の分野も子どもたちへの「かぶせ」ではなく、**引き出す教育に変わっていかなければなりません。**

そこで邪魔になってくるのが、自分の経験です。黒電話からとっくにスマホになっているのに、ベテランが「黒電話とはこうなのだよ」と若者に説教したとしても、スマホをバンバン使いこなしている人には全く通じないのです。

その反面、人を動かす経験は変わらないものです。

人間的な成長、人生経験などは20歳の人と50歳の人では違います。ですから、自分の特徴や経験を活かすのです。

技術的なものは、それを使いこなしている人に活躍してもらい、その人を活かす方法を考えればいいわけです。なるべくそれぞれの個性が活かされるように、意識のスイッチを入れ替える。それも心の使い方のひとつです。

自殺を思いとどまった女子生徒の奇跡

秋田県の公立学校で、長年生徒たちの心身の健康を支え続けてきたK先生という方がいらっしゃいます。K先生は保健室の先生で、生徒一人ひとりのことを深く思い、彼らが本当の生き方を見出せるよう導いてくれています。

私の行う研修を受けるため、秋田から東京まで通い、子どもたちのために献身的に支援を続けてこられたK先生。生徒たちの人生に大きな影響を与え、奇跡とも呼べる変化をもたらしてきたエピソードがじつに数多くあります。

ここからはK先生のこうした愛と奉仕の活動にスポットを当て、生徒たちが元気を取り戻し、本来あるべき生き方に目覚めた様子を克明に描いていきます。

K先生が見守っていた中学3年の女子生徒に、奇跡が起きました。

相談室登校をしている女の子でした。家族の不調和が原因で、生きることを苦痛に感じていて、友人からのいじめにもあっていたそうです。

その生徒は、母親と祖母と3人で祖父を恨んでいて、祖父に対して暴力を振るっていました。その様子を動画に撮って母親や祖母に見せ、一緒に笑い合うという、信じがたい境遇にいた子だったのです。

とにかく心が不安定……。全身にアトピー性皮膚炎の症状がありました。

K先生は、その生徒に自分自身の体験を話して聞かせました。K先生自身もかつて嫁姑問題を抱え、生きるか死ぬかという地獄の家庭環境にあったのです。でも私の元で心のことを学ぶうちに、K先生はお姑さんと抱き合いながら、愛と涙の和解を遂げたのでした。

女子生徒は、ボロボロと涙を流しながらその話を聞いていました。それからK先生は、全力でその子のいいところ、素晴らしい点を伝えました。

すると、その後に本人も信じられないような不思議なことが次々と起こったのです。

まず、祖父へ「ごめんね」とショートメッセージを送ると、「おじいちゃんこそ悪かった。ごめんね」と返事があったそうです。その日、帰宅すると母や父、祖母からまさかと思われるほどのプレゼントが。そして祖父を恨んでいた母親や祖母も、絡まった糸が解《ほど》けたかのように仲良くなったということです。

それだけではなく、女子生徒をいじめていた同級生から一気に謝罪メールやプレゼントが届き、本人が驚愕《きょうがく》するほどでした。

このあり得ない変化の連続に「すごすぎて怖い」と言っていたそうですが、じつはその生徒は「来週、自殺しよう」と思っていたそうです。何もしていないのに家族全員の性格がみるみる変化し、自分を受け入れ認めてくれるようになった。友人関係も、何もかも奇跡のように変わりました。

心の変化は一瞬で起こすことができ、現象面も変えていけます。それをK先生

と この女子生徒が証明してくれました。

愛の言葉が人を愛の存在に変える

次に、また違う女子生徒のエピソードを紹介します。この生徒もまた、深刻な家庭の問題と学校でのいじめに悩まされ、自殺を考えるほど追い込まれていたのですが、K先生の献身的な支援によって心身ともに回復していきました。

双子の兄と自分をいつも比較し、自分を忌み嫌い、頭部打撲による自虐行為が止まらない中学3年の女子生徒がいました。クラスメイトが怖くて教室に入れず、保健室登校をしていたこの子は、生まれた意味、生きている意味がわからず、つねに自殺願望がつきまとう日々を送っていました。

両親を嫌い、特に母親のことを嫌悪しています。声を荒らげて怒鳴り散らす母親を「やつは気違い！」と罵倒する日常でした。自殺までしようとしていたのは、母親への当てつけでもありました。

そんな女子生徒に、K先生は優しい言葉、愛の言葉を伝え続けました。女子生徒をサポートしていると、彼女自身が気づいていなかった、見ようとしていなかった素敵なところ、良いところ、優れているところが、K先生にはたくさん見えてきました。

K先生と接することで、女子生徒は自分が親の愛から生まれた存在であり、命の素晴らしさに気づいていきました。そしてあれほど嫌悪していた母親に、涙を流しながら謝罪したのです。怒鳴り散らしていた母親も娘の涙を見て、言葉を聞いたその日から、我が子を受け入れて見守る、優しく温かい存在へと激変しました。

その日を境に、その子の口から出てくる言葉は愛の言葉となり、保健室に来て悩みを打ち明ける生徒をカウンセリングするまでになったのです。

その後、女子生徒は無事教室に復帰しました。そしてなんと、周りの生徒を元気づける存在にまで成長を遂げたのです。

彼は暴れる生徒じゃない、彼が世界を救うのだ

K先生がサポートしている生徒の中に、保健室登校、相談室登校をしている中3の男子生徒がいました。マイナス思考で、友人を裏切ったことがきっかけで、クラス全員から嫌われていました。同級生はもちろん、教師全員まで敵に回すほど性格が歪《ゆが》んでいると思われていたのです。

ある日、彼はカッターナイフで自分の首を切りつけ、校内で血だらけになりました。K先生はその行為の奥に、その子が何かを求めていると感じていました。そしてまさに命がけで彼と向き合い、心からの支援をしたことで、男子生徒は全くの別人になり、口から出る言葉は人の美点ばかりになったのです。

さらには同級生の美点、教師の美点、学校の美点を詩に書くようになり、まるで生まれ変わったかのように才能が開花して、見事に教室への復帰を果たしたのでした。

このように話をまとめてしまうのは簡単ですが、その陰には、K先生の決意と覚悟、そして行動がありました。K先生はこの緊急事態に、スマホのショートメールで私に助けを求めてこられました。K先生が自殺しようとした生徒を懸命に支え、私がK先生と連絡をとった期間は5日間にわたります。

もちろん私はその生徒に会ったこともなければ、見たことすらありません。K先生と私のやり取りは、わずかなショートメールだけでした。彼との関わりは間接的でしたが、それでも彼の心の状態は天と地ほどに大好転してしまいました。このような方法があるのは私にとっても大発見で、驚くべき出来事でした。

そのショートメールのやり取りを、今回特別に本書へ収録しました。絶望的状況下にあった生徒が立ち直っていく様子がリアルタイムで記録された貴重な資料です。ぜひご覧いただき、お役立てください。

著者　　K先生

（１日目）

今日、生徒が目の前で首を切ろうとしました！何ができるでしょうか？

美点発見

はい
やります
ありがとうございます

落ち着いてね

はい
求めてるとわかります！
試されてます！

その子が先生だととらえる。
男の子？　女の子？

中三、男子で、母の自殺を何回も止め
最近また離婚し、しかも、受験生です
やることなすこと、全部人の気持ちを裏手に取り、全滅です

その子の素晴らしさを信じる！

はい
今日、卒業までの１か月で、終わりにしようとしてる、と暴れられました
もう、一生付き合うから！　と
断言してしまってました！

彼は寂しかったんだね

そう言ってました
彼はカウンセリングが趣味で、
今まで100人にやったらしいです
結果、みんな離れていった
とのことでした
彼は自前のアドバイスをする
カウンセリングだったようです

だからだ

それで、私、怒りました

怒らない

えー！
了解です

世界で一番彼をわかってあげる人になる

今日、言われました！
誰もわかってくれないと。はい

尊敬から

尊敬から

そう
わかったね

はい！　もちろん!!　です！

彼が世界を救う

そうなんですね！
彼の口ぐせが、役に立ちたい！
だけでした

やっぱり

はい、俺は誰の役にも立てないから
生きてる意味がないと暴れてました

今からでも遅くないよ
大丈夫

はい
今日は、一緒に死んでもしかたないと
思いました！
恐怖は敵と思えました!!

（2日目）

昨日は本当にありがとうございました
死のうとしてた生徒が、ものの見事に
蘇りました！
ビックリしすぎて腰が抜けそうです!!

やっぱり

じつは今日、彼にコロされる覚悟で職場に
向かいました
何が起きてもしかたないと
本当に大きな生命の学びでした！
彼が今日、突然、詩を書いてくれました
昨日までは、血だらけだった手で！

（3日目）

今回、彼が身をもって教えてくれました！
昨日も、とにかく、アウトプット
することだ！　それでなきゃ、前に進め
ないんだ、と言い続けてました！

彼が教育を変える

生徒が先生！
おーーーーーー！
教師が彼についていけないのですね
ひっくりかえりそうです！

（4日目）

週が明けて、生徒の中からもの凄い
ものが湧き上がり、とにかくそのことを
書きたくてしかたないようです！
凄い！　と思い、他の生徒にも見せた
ところ、皆、ビックリしてました！
ところが、先生達から、書くな！　と
禁止が出たそうです！
とにかく勉強しろ、教室に戻れと
しかし、止めずに出させてあげたい
勉強をするとか、そういうことじゃない!!
と怒りが出てました！　今の教育現場で
できること、、、個性を潰し、
型にはめること？

教育者のカウンセリングが必要だね

わぁ、そうです！　やります！
今日早速、話を聞いて欲しいという
先生がいました！
美点発見、たくさんやります

良いね、素晴らしい
全て順調

はい
今日、彼にスマホと黒電話の話を
しました！　私たちは、あなたたちから
学ばなければいけないと思うと
そうしたら、即効、黒電話のおかげで自分は
いると感謝の言葉で返され、ビックリしました
もう生徒が、どんどん変わってしまい
こちらがついていけない感じです

感動だね

はい！　凄すぎです

幸せだね

これは、一体何が起きてるのでしょうか？
ちょっと、自分の感覚を超えてます

心の産業革命
天動説から地動説へ

ホントです。彼のほうが教師の
美点発見し始めて、もう口が
開きっぱなし！　いやー、
もう言葉になりませんでした!!
生徒が教師を愛してると
実感しました

本当に強い人は余裕で負けられる！

本当に強い人！
私の人生かけての課題です
毎日、喜んで負けます！　はい
負けた先に、生徒の無限の道が見えました
絶望の道から、希望の道が見えた、
と教えてくれましたので

すもう取りが子どもに勝って喜んでたら
おかしいよね

そうですね
はい

負ける喜び

負ける喜び～喜びになるんですね!!

そうね

相手が勝つのを見て喜ぶ！
相手の喜びが＝自分の喜び

（5日目）

先生たちの前で自分が書いた詩を説明したいと言いました！　凄いとビックリしました!!

良いね！
彼は天才

あと、クラスの同級生も
天才です、凄すぎます

世界一

世界一ですね

理解できなくても

できなくても？
できなくても、わかってあげる？

彼に教えてもらう
そう
凡人は天才を理解できない
徹する
何があっても

今日、小さい山は、大きい山が見えない
と言ってました！

徹する、何があっても

涙が止まりません

世界一の理解者
彼は愛の人
世界一の鑑定士は一人
だから世界一
Ｋさんがその人

はい

彼が教育を変える

彼が教育を
彼の前では、常識は通用しませんから、
ホントのものが残る感じです

彼は生きたい

生きたい！
今日はずっとそのやりとり

本当の自分で

あー、言ってました!!

生き抜く
何があっても

生徒はホントにどんどん凄くなってます！
ありがとうございます

第3章

心が輝き
ドバドバ奇跡が起きる

▼美点発見で人間関係が超好転

メガネをかけ替えると見えてくるもの

ここでは、美点発見をあなたが日常的にできるように、詳しくご紹介します。

美点発見とは読んで字のごとく、相手の長所、美点を発見し、その発見したことをノートなどにどんどん書いていくワークです。

相手の素晴らしさだけですから、一人でも書くことができますし、それを口に出しても出さなくても効果があります。

でも、もちろん口に出したほうがいいでしょう。そうすれば、美点発見された相手は自信がついてきて、本人の能力がより活かせることにつながっていきます。

また、褒めるときというのは「あなた、立派だね」と、どうしても自分が上に立ってしまいがちです。美点発見には、相手への敬意、尊敬が入っています。これが意識の使い方なのです。美点発見をするとは、あなたの目を養うことです。

そこが褒めることとの大きな違いです。

本書では美点発見をメガネに例えてきましたが、それは相手の素晴らしいところしか見えないメガネに替えて自分の見る目を変えることであり、それは、ただただ真実の発見なのです。相手の美点を発見し、ノートに100個、200個と書いていってください。書いているうちに、本当にそのようにしか見えない自分に変わっていきます。

すると驚くべきことに、あの苦しかった月曜日の見え方すら一変するのです。

人の悩みの多くは人間関係に起因します。人間関係で悩んだり迷ったり、逆に幸せを感じたりします。親子関係、夫婦関係、職場の人間関係、お客さんとの関係……。いろいろありますが、すべて人間関係です。この人間関係が、あらゆることに影響します。

美点発見は、すべての人間関係を円滑・良好にすることのできる魔法なのです。人間関係がこじれるのは、多くの場合、目についた相手の欠点が発端になりがちです。そして欠点を見つけて「嫌い」と感じます。

しかし、人間関係では、人の欠点を見るのではなく、美点を見ることが大切です。人から好かれたいなら、先に自分から相手を好きになることを意識するのです。

おもしろいことに、周囲の人を好きになるだけで、人間関係がどんどん広がっていきます。

人間関係の特効薬

人の美点を発見しましょう。

そして相手にも伝えましょう。

そうすれば、そのときから相手もあなたの美点を見るようになります。人とはそういう存在なのです。情報も仕事もお金も、運んできてくれるのは人です。人間関係を良くする美点発見は、究極の引き寄せにもなります。

あなたは、いつまでもしんどい月曜日を引き寄せたいですか？　それよりも、楽しくて幸せいっぱいの月曜日を、これから毎週、引き寄せませんか？

今までは気づかなかった相手の素晴らしさがどんどん見えるようになっていきます。そうなれば、親子関係も夫婦関係も職場の人間関係も、すべて良くなるのです。日常の中で美点発見ができるようになったら、すべての人間関係がうまくいきます。

これが日常のすべてを幸せに、豊かに、楽しくする心の急所なのです。

さらに美点発見を続けて、人の美点を見抜く目を養い、相手の最高に素晴らしい部分を見つけられるようになると、その相手はもう美点のかたまりのような存在になります。

こうしてあなたは、出会う人すべてに対して、美点のかたまりとしての対応が自然とできるようになります。

あなたが相手の素晴らしさを心から感じると、あなたの意識に変化が現れ、あなたが発するエネルギーも変わっていきます。

あなたと出会った瞬間に、すべての人が元気になり、やる気が出るようになるのです。そうなったらいいですよね？
あなたは関わる人すべてを笑顔にする、そんな人になっていきます。

今までと全く違う自分を発見する

美点は書きながら発見していきます。たくさん書いてください。

書き出せるうちは、手を止めないで思いつくままに書いてください。内容が正しいか間違っているかを気にする必要はありません。ポイントは、たくさん書くことです。発見した美点を味わうように書いてみてください。「あの人はここが素晴らしい」「あんないいところがある」と一つひとつかみしめます。

「もう、これ以上はない！」と思っても、そこからが出発です。そのときがスタートラインだという気持ちで、さらに発見していきます。

そのうちにきっと、新たな発見があるでしょう。それは、今までと全く違うあなた自身を発見する、ということです。

たとえ今までの月曜日がツラいものだったとしても、大丈夫。必ず幸せな月曜日が訪れる、素晴らしいあなたを発見できますから、どんどん書き出していきましょう。

書く際には、簡潔な言葉にします。文章では美点がすぐにわかりませんし、説明調になり、理屈っぽくもなりがちです。だから短い簡潔な言葉や単語ひとつでもかまいません。できれば一言に集約しましょう。こういういいところがある。ああいういいところがある。それだけでだいたいのことはわかります。

短いほうがポンポンと発見しやすいものです。似た言葉が並んでも気にしなくていいのです。ひとつの美点を発見したら、そこからまたさらに展開していくのですから、言葉が似通ってしまうのは当然のことだからです。

美点発見で大事なことは、美点のバリエーションではありません。重要なことは、心の底から「本当にそうだな」と思うことなのです。

おいしい料理の美点発見を例に挙げてみましょう。

料理の味が違う。味わい深い。とても温かい。ピリッとした辛さがいい。心がこもっている。作った人の愛情が入っている。これならお店に出せそう。みんなが喜びそう。

こんな調子です。どうですか？　いろいろな角度から発見できるでしょう。似たような言葉のようで、微妙に違う言葉になっています。もし同じ美点を２回書いたとしても、それはそれでいいのです。気にしないで、どんどん書き出していきましょう。

美点がない人は一人もいない

美点の「美」とは、どの視点からとらえると良いでしょうか。

２０１１年３月11日、東日本大震災が発生したとき、日本人としての美点がはっきり現れました。

東北の被災地で、空腹の日本人が手にお盆を持ち、秩序正しく整然と並んで配給を待つ様子が世界中に放送されました。すると「日本人はなんて礼儀正しいのだ。現代人は日本人を見習うべきだ」と世界中で賛辞の嵐が巻き起こったことを覚えていらっしゃる方も多いことと思います。

日本人は神代の昔から「心」を大切にする民族です。日本にはもともと神道があり、そこに仏教が根づき、さらに他民族のさまざまな宗教も根づきました。

そのような宗教的、文化的背景を持っている私たち日本人は、とても礼儀正しい国民です。儀礼を重んじ、思いやりがある——。

これが世界に誇れる日本人の美点です。

そして私にとって、究極の美とは、人間のこの生命の美です。いわゆる芸術の美とは一線を画すもので、この宇宙の中に存在する私たち生命体、それが美です。

ですから、そもそもみんな美しいのです。美しくない人は、一人もいないのです。世間で言われる「美しい人」とは違います。

私たちの人体は宇宙の法則です。この宇宙の法則が最高の美なのです。食べたものを消化して、血になり、筋肉になります。あなたの皮膚はつねに再生されています。あなたは60兆の細胞でできています。あなたの細胞の一つひとつがあなたの生命です。心臓は生まれてからいっときたりとも休むことなく動いています。

この生命の美こそ究極の美であり、この生命の美から見たときに、すべてが美なのです。つまり、この地上に生きる人は例外なく全員美しい。だから、世界中の人をまるごと愛してほしいのです。

人類すべての人が愛する友人だととらえると、出会う人全員、何かのご縁だと感じられます。

この生命の美しさは、誰でも認める価値があります。だから美点がない人は一人としていないと言い切れるのです。

「大キライな奴の美点なんて書けない！」という方へ

世の中に、美点がない人というのは存在しません。それは先に述べたとおりです。あなたを悩ませる相手や、あなたを苦しめている相手にも美点はあります。どんな人にも、その人ならではの美点が必ずあるものです。

例えば、あなたが職場の上司とうまくいっていないとします。その上司の美点発見をしようとしても「面倒くさいことは全部押しつけてくる」「無理難題を言う」など、不満ばかりが噴き出してくるかもしれません。

そんなときには、視点を切り替えて、イヤなことを別の側面から眺めてみましょう。

「人に仕事を押しつけて、残業せずに帰宅するのは家族を大切にしているから」

「一見、無理難題に見えても、目標を高く設定することで成長させようとしてくれている」といった具合です。

このように、マイナス面をプラスとしてとらえて、よく探してみると美点が見つかるはずです。不思議なことに、だんだん慣れてくると、嫌だなと感じていた一面さえ美点だとしか思えないようになってきます。

ここに典型的なパワハラ上司がいたとします。その上司は、あなたの仕事に対して、気に入らないことを見つけては注意ばかりしてきます。

「あんな上司に美点なんて見つからない」と思うのは当然です。しかし、どんな人にも美点は必ずあります。例えば「もう新入社員じゃないのだから」と折に触れて言われているとしたら、その発言を「若手のうちにミスをなくそうとしてくれている」ととらえてみるのです。

このように、あまりに美点が見つからないときは、あえて嫌いな一面から考えてみるのもいいでしょう。

嫌な相手でも、見方が変わると、相手もあなたの美点を探してくれるようになるものです。あなたが美点発見を実践することで、イヤだった上司を変えてしまうこともできるのです。

会えない人にも美点発見できる

過去に大嫌いだった相手ですら、美点発見をするとどんどん見え方が変わってくる。その可能性をあなたも感じていただけたのではないでしょうか。それほど、美点発見は強力です。過去の自分には見えていなかった美点が、いろいろと見えてくることがあります。

すると、当時の自分の態度を振り返って「あのときはあの人に申し訳ないことをした」と後悔の念にかられ、相手に対してお詫《わ》びや何か行動をしたくなることもあるでしょう。

こうした場合は、あなたの心の中にある「申し訳なかった」という気持ちを借金だと思って、返済し終えるまで美点発見を繰り返していくのがベストです。その相手の美点を発見し続けることによって、過去の出来事であろうと挽回《ばんかい》し、人間関係を修復させられるのです。

その相手との関係性が、現在では途切れていたとしても関係ありません。なぜなら美点発見は、意識という目に見えない領域に働きかけることができるからです。だから、関係性を復活させることも可能です。

連絡が途絶えて長年会っていないことを気にすることはありません。これまでは会う必要がなかっただけです。でも、過去を省みたあなたは、今、相手と新たな関係性の構築が必要になったということです。だから、必要になった今から美点発見を始めましょう。

相手がすでにこの世を旅立ってしまわれた人の場合でも、美点発見は通じます。むしろ、あの世にいる人のほうが伝わりやすいと思ってください。生きている人と違って、打算や不要な念がないからです。

あなたが美点発見すると、相手が目の前にいなくてもその思いは瞬間的に通じます。例えるなら、テレビのチャンネルと同じ原理です。空間にはテレビ局から発せられた電波が飛んでいますが、あなたがチャンネルを合わせなければ、映像は映りません。チューニングしていないからです。

人生も同じです。その愛というチャンネルに合わせて生きていく。そうすれば、チューナーが愛という電波をひろって、あなたというテレビには愛の映像がいつまでも映し出されるのです。

夫婦は美点を見つけやすい？

では、美点発見ワークの実例をいくつかご紹介していきましょう。

最初にご紹介するのは、「夫婦関係がうまくいかない」ことを解消するため、「妻の美点発見」に取り組んだある男性のケースです。

夫婦の関係性がこじれてしまうのは、日常生活の中で、つい相手の欠点ばかりが目につきやすくなってしまうことが原因のひとつです。夫婦は親きょうだいよりも長い年月を一緒に生活します。それぞれ異なる環境で育った男女が同じ空間で暮らすわけですから、不倫など大きな出来事が起こらなくても、なにかと軋轢《あつれき》を生みやすいのです。

そんな夫婦の関係ですが、じつは結婚した相手は、ほかの関係よりも美点を見つけやすいといえます。

なぜなら夫婦には多くの場合、お互いに「強く惹《ひ》かれ合った時期」というものがあるからです。そんな過去の記憶を呼び起こしてみましょう。

変わってしまった相手だとしてもそれは思い込みにすぎず、たくさんの美点が、今も残っていることに気づくかもしれません。これまで発見できなかった素晴らしい点が、いきなり見つかることもあるでしょう。以前は短所に思えていたことさえ、今では美点だと思えるようになっていることも発見できるかも。

とにかく、どんどん書き出してみましょう。ひとたび美点を書き始めれば、どんどん言葉があふれ出してくることになりますから。そうなると、美点の100個くらいはたちまち見つけられてしまいます。欠点に見えていた一面も美点に変わっていき、かつてのようにお互いを尊重し合う、仲睦《なかむつ》まじい夫婦関係を築いていけるでしょう。

さて、彼はいったいどんな「妻の美点発見」をしたのでしょうか？

妻の美点発見 記入例（結婚7年目・30代・男性）

1	料理が得意	11	自分より運動神経がいい
2	転職に賛成してくれた	12	性格が明るい
3	食べ物に好き嫌いがない	13	外では私を立ててくれる
4	瞳がきらきらしている	14	病気の時、 看病してくれた
5	ぜいたくを言わない	15	子どもが好き ＊似ていてもOK
6	けっこうお洒落	16	弁当をよく作ってくれる
7	アイロンがけしてくれる	17	飲み過ぎを 心配してくれた
8	子どもが好きでやさしい	18	実家の母親に親切
9	知らぬ間に 投資信託で貯蓄	19	少々のことで怒らない
10	髪がきれい	20	動物好きでやさしい

親子関係には愛情しかない

いかがだったでしょうか。

次は、「親子関係」についてです。

家族は、社会生活の基盤となる人間関係です。なかでも親子関係は、人格を形成するうえで最も重要な関係だと言えます。親子関係がうまくいかないと、それがうつの根本原因にすらなるのです。例えば、仮面夫婦のような両親に育てられている子どもがいるとします。その子どもは、両親が仲良く会話している様子を一度も見たことがなく、家族団らんというものを知りません。

両親は日常的にケンカをするわけではありませんが、ひとたび口論すると激しく相手を責め、非常に険悪な状態になります。さらに、夫婦間でのコミュニケーションが欠落しているため、両親のどちらかは子どもへの愛情の注ぎ方がいびつになってしまうことがあります。

また、過剰な期待から子どもにプレッシャーをかけてしまったり、子どもを否定する態度をとってしまうこともあります。そんな両親の元で育つ子どもは、うつになりやすい記憶を刻まれて大人になってしまうでしょう。

うつとは「愛してほしい」「認められたい」という人間の本能的な欲求が満たされていないために生じる症状です。本来、親子関係には愛情しかありません。美点発見で、そのことを再確認しましょう。

親子関係で美点発見しようとすると、驚くことに、始める前から相手に伝わることも少なくありません。不思議なことですが、あなたの心がいい方向に向かったときにそれが相手に伝わることがあるのです。

困難だった親子関係が劇的に改善されることもあります。そしてあなた自身を知り、自分らしさを取り戻すチャンスです。美点を発見することは、合理的に幸せになれる方法なのです。

そういう視点で、次にご紹介する40代男性が行った、美点発見の記入例をご覧ください。

両親の美点発見 記入例（40代・男性）

1	厳しくされたから今が楽	11	授業参観にそろって 来てくれた
2	テーブルマナーを学べた	12	カレーと味噌汁が うまかった
3	父に肩車をしてもらった	13	母の日の贈り物を 喜んでくれた
4	自信があるのは 親のおかげ	14	マンガを買っても 許してくれた
5	遊園地に一緒に行った	15	いつも元気でいてくれる
6	親が厳しいのは 愛情だった	16	大人になっても 親の愛を実感
7	キャッチボール してくれた	17	いてくれるだけで うれしい
8	グローブを買ってくれた	18	孫のお年玉ありがとう
9	受験勉強の夜食を 作ってくれた	19	父にもらった 時計は宝物
10	体調が悪い時、 看病してくれた	20	産んでくれてありがとう

想像以上に高ストレスな職場の人間関係

最後に、「上司との関係」について触れていきましょう。

現代人は多くのストレスにさらされています。とりわけストレスを感じるのは、職場の人間関係でしょう。月曜の朝がしんどいという方の多くは、このパターンなのです。

見ず知らずの人と、職場で初めて出会い、仕事をするためにある意味強制的にコミュニケーションをとらなくてはならない。それに加えて、会社にはいろいろな性格の人がいるわけです。さらに上下関係もあります。こうした中で、関係性に問題が起こりがちなのが、上司と部下です。

しかし、どんな嫌いな上司にも、美点は必ずあります。それを発見することで、あなたと上司の関係性は大きく変わるのです。次ページでは、「嫌いな上司の美点発見」にチャレンジした、20代女性の例をご紹介しましょう。

キライな上司の美点発見 記入例（20代・女性）

1	仕事熱心だ	11	一部の社員は慕っている
2	面倒見がいい	12	昔気質なのは 男らしいから
3	短気なのは情熱的だから	13	領収書の整理はマメ
4	仕事が速い	14	計算が得意
5	細かいところに気がつく	15	物を大切にする
6	電話が丁寧	16	礼儀を重視している
7	エクセルの 打ち込みが速い	17	じつは筆文字がうまい
8	メリハリがついている	18	怒っても引きずらない
9	プライベートは 聞いてこない	19	お茶は自分でいれる
10	敬語が正確	20	率先して掃除する

目の前の相手に伝えてみる

美点発見を書き出したら、今度はあなたが見つけた美点を相手に伝えてみます。その際は、しっかり相手の目を見て伝えます。もし相手がうれしそうな顔をしたなら、その美点が的確だということ。

相手は怪訝《けげん》な顔をするかもしれませんし、「いきなり何を言ってるの!」と拒絶するかもしれません。でもそれは照れ隠しの可能性もあります。そのときは、**喜んでくれている一瞬の表情を見逃さない**でください。

そういう瞬間を感じとれるようになれれば、あなたは美点発見の達人に近づいています。月曜から始まる1週間が輝きを増していきますので、ぜひ、チャレンジしてみてください。

誰でも自分を認めてくれたり、自分のことをわかってくれると、うれしいものです。だから、まず相手の状況を知り、理解することが重要になります。そのために、現状を話してもらうようにしましょう。家族や子どもの話題になったら、「お子さんは何人いらっしゃるんですか？」「おいくつになるんですか？」というように。

「いいお子さんでしょうね！」とあなたが伝えれば、相手の表情もパッと明るくなります。子どもの自慢話が始まったら、さらにチャンスです。こういうことを一番わかってほしいのだな、こういうところを認めてほしいのだな、と知るきっかけになります。

それからは、その相手と話す際には欠かさず話題にするようにしてみてください。あなたと相手の距離はグッと縮まります。

私は20代の頃に、宝石のセールスマンとして訪問販売をしていた時期があります。訪問する家の玄関にベビーカーがあれば、幼い子どもがいる家庭だとわかります。玄関先に盆栽があれば、住んでいる人の趣味もわかります。好きでもなんでもない物を飾るわけがないからです。

「見事な盆栽ですね」という話題で盛り上がることだってできます。その人の持ち物や行動などを、よく見るようにしておくと美点発見しやすいでしょう。

これでバッチリ、美点発見を上達させるコツ

一度に発見できる美点は少なくてもいいのです。なぜなら、美点を発見し続けることに意味があるからです。

1日に2つか3つの美点を発見して、それ以上は思いつかなかったら、そこで終わりにします。そうして日々、継続していってください。なぜ続けることに意味があるかというと、美点を発見しようと〝ピッ〟と意識を向けただけで、現実がその方向に変わっていくからです。これが意識の便利なところです。

次第に言葉や行動に変化が表れ始めます。美点発見することは、日々、美点の方向へ意識を向けていることになります。

美点を書き出す行為は、明確に意識を方向づけるためにしていることなので

す。

しかし中には、美点発見しているのに、事態が悪化していると困っていた人もいました。考えられることは、的を外した美点を発見しているケースです。相手が求めていることを発見して伝えることが大切です。

人は、自分のことをわかってくれる人に対立意識をもてません。ですから、相手を完全な存在としてとらえて、認めて理解してあげるのです。

そのためにはあなたが発言するよりも、まず耳を使って相手の言葉を聴くことが重要になってきます。自分の言葉をしっかり聴いてくれる人から逃げ出す人はいないからです。

まずは自分のメガネをかけ替えましょう。相手の汚点、問題ばかりを見るメガネをかけているから、他人を批判し裁いてしまいます。それを「汚点メガネ」と言います。美点しか見えない「美点メガネ」にかけ替えて、相手のことをもう一度よく見てください。

きっと、さらなる美点が見えてくるようになるでしょう。

美点発見の「言魂《ことだま》」を唱える

私は、突如として私自身の中から言葉のインスピレーションが湧き上がることがあります。それを言魂と呼んでいます。

これからお届けする「美点メガネの言葉」も、その湧き上がってきた言葉を書きとめた言魂であり、頭で考えて作った言葉ではありません。

この言魂を心の奥から想いを入れてお読みいただくことで、すでにあなたが持っている美しい魂に響き、あなたの人間関係を素晴らしいものに変えていく力があります。

人間関係がつらくなったときや、「ああ、月曜からあの人に会いたくないな」と思ったときに、ぜひ繰り返し読んでみてください。

あなたの美しい魂が、相手の美しさをより発見しやすくします。

美点メガネの言葉

あなたは素晴らしい
今までは汚点ばかり見ていました
でもそうではなかったんですね
私のメガネが間違っていたんですね

あなたはこんなに
素晴らしいところがあるのに
何を見ていたのでしょう?
私は自分が情けないです

あなたはまさに愛そのものだった
本当はこんなに

素晴らしいあなた
私は汚点ばかり見ていました
すみません、本当に許してください

ごめんなさい
ごめんなさい

今日から私はあなたの美しい点を
どんどん見ていきます
あなたは天才だったんですね
あなたそのものが天才だったんですね

私のメガネが今日から変わりました
何て素晴らしいことに
何てうれしいことに

気づいたんだろう

あなたの素晴らしさがわかって
私が一番うれしいです
今日から美点メガネで
あなたを見させていただきます

感謝でいっぱいです
愛でいっぱいです
ありがとうございます
ありがとうございます

やっとわかりました
私は今本当に
大きな大きな愛のメガネで

透明のメガネで
見ることができるようになりました

これからは美点メガネで
あなたを見させていただきます
私は幸せです
今この場でもう
天国の幸せを味わっています

ありがとうございます
ありがとうございます

美点発見を超えた「超美点発見」

さて、あなたは美点発見を実際にやってみていただけましたか？

すでに人間関係が劇的に変化してきた方もいらっしゃることでしょう。月曜の朝もどんどんラクになってくるはずです。

でも、それで終わりにしてはもったいない。ここではそういう話をします。

じつは**美点発見には際限がありません。**どんどん無限に、相手のことも、自分のこともいいところを見つけていけるのです。

山の頂上にあなたが立っているとします。そこからあなたはいろいろな世界を眺めています。たくさんの美点を発見していけばいくほど、やがて目に映るものすべてが美しくなります。目に入るものは美しいとしか思えなくなるのです。

これは、先に説明した「誰でも完璧で、満月である」という満月の法則につながるものです。

一方、同じ場所から同じものを見ていても、汚点しか見ない人もいます。人の嫌なところにばかり目が行ってしまう人です。残念ながら、そのような視点でいると目に入るものがすべて汚れたものに見えてしまいます。

このような人は、もともと嫌なところしか見えなかったわけではありません。何か大きな悩みや問題にとらわれ、不安になったり心配したり、怒りを覚えたりして苦しんでいるうちに、心のメガネがくもってしまったのです。

でも、同じ人であっても、汚れたメガネをきれいなメガネにかけ替えれば、世の中が明るく見えますね。それと同じで、**美点を見るように意識すれば、全体が美しく見えるようになります。**

「頂上」と書きましたが、美しいものを見ようとすればするほど、その頂上が高くなります。立っている位置が高ければ高いほど、より広く、多くのものを見ることができます。高いところに行けば、それだけ広い世界が見えます。争いごとや汚れた部分も小さくなり、見えなくなってしまうでしょう。**視点が高くなれば見える世界が変わり、あなたの行動も変わります。**

美点発見をしていくうちに視点が変わり、行動が変わり、人間関係が変わっていくのはこういう理由からです。もちろんここまででもじゅうぶんなのですが、もっと言えば、誰もが完璧、満月であることを理解できれば、山の頂上にいても、ふもとにいても、美点が見えるようになります。美点発見を続けていくうちに、誰一人として例外なく「みんな美しい」と思えるようになるのです。

そのときにはもう、何に悩んでいたのかも忘れてしまい、いつも楽しい月曜日を迎えている自分がいることに気づくでしょう。

第4章

自尊心を爆上げしてラクに生きる

▼自分の中にある宝物を見つける

両親への感謝で人生を変える

人生の原点は、両親にあります。

月曜日に「家から出たくないな、あの人の顔を見るのはイヤだな」と思う人は、自分の原点である両親に対して、自分がどのような気持ちを抱いているのか、改めて考え直してみることが必要だと思います。

親への感謝や親を愛する気持ちは、古い記憶に刷り込まれているため、表面的な否定の感情……つまり、恨みや憎しみで親を否定してしまうと、心の深層で葛藤が生じ、人生の障害になってしまいます。

あなたの人生に強い影響を与える恨みや憎しみの感情を感謝の気持ちに変えれば、あなたの人生は驚くほど変化します。親もまたその親に育てられたのです。親を責めたり、誰かのせいにしたりしても仕方がないことです。

あなたが今、どんな環境、境遇におかれていようとも、あなたの親がどんな親であっても、まず、心の不満を空っぽになるまですべて吐き出しましょう。そして「産んでもらえただけでありがたい」という感謝の気持ちを持ちましょう。

また、親の死の悲しみを乗り越えられない、という人もいるでしょう。親の存在を肉体でとらえるのではなく、愛として受け止めてください。

肉体がなくなっても、愛は決してなくなりません。

親の愛は、自分の中に存在しているのです。

親を愛として受け止められれば、むしろそばにいたとき以上に、あなたを支え、あなたのそばにいてくれることに気づけるでしょう。

両親に感謝できれば、自己肯定感も高まります。なぜなら「私はダメだ……」と言えば、私をつくってくれた人々――両親や先祖代々の人たち、今まで自分を成長させてくれた人々みんなを批判することになります。

そういった意味で、私はダメな人間だ……という考えは、じつは最も傲慢なのです。

逆に、私は素晴らしい、と思うことは、両親も先祖も自分を育ててくれた人たちも、みな素晴らしいと認めたことになります。

つまり、自分自身の素晴らしさを認めれば認めるほど、あなたは両親に感謝ができ、そして本当の意味で謙虚な人になれるのです。そして、そのことが良い意味で環境が変わるきっかけになっていきます。

両親がいて、先祖がいて、周りの人々がいて、自分は生かされていることを感じましょう。

1日ひとつ、自分を褒める

「あーあ、また仕事で失敗しちゃった。私ってほんとにダメね」「恋人もなかなかできないし」「転職したいけれど、これといって資格もないし……」

自分の欠点を並べて、ますます自分の評価を下げてしまう人がいますが、こんなクセとは今すぐ決別しましょう。

そして、「できないこと」の代わりに「できること」を見つけてください。

「パソコンを打つのは遅いけれど、手書きの字はすごくキレイ」
「恋人はいないけれど、友達ならたくさんいる」
「資格は持っていないけれど、料理の腕は自慢できる」

誰にでもひとつや2つくらい、自分の得意分野があるはずです。そうした能力や長所は、自分にとっては当たり前のことなので、気づけていないことはよくあります。そんなときには、友人や親から言われた言葉を思い出してみるといいでしょう。

「あなたはこういうことが得意ね」「イラストのセンスあるよね」など、これまでに周囲の人があなたに贈ってくれた褒め言葉の数々を、しっかりと思い出してみましょう。そして、あなたの評価は自分が思っている以上に高いことに気づきましょう。

自分の評価を下げてしまいやすい人に、ぜひ、身につけてほしい習慣があります。それは、どんな些細《ささい》なことでもいいので、1日ひとつ、自分の行動や思考などを「今日はこんなことができた」と褒めてあげることです。

これを積み重ねれば、自己評価はグッと高まります。ぜひ試してみてください。

自分に語る言葉を変えよう

「アイツなんて失敗しちゃえばいいんだ!」

あなたの嫌いな人が、順風満帆に物ごとを進めているのを目の当たりにすると、思わずそんな言葉を吐いたり、心でつぶやいたりしてしまうことがあるでしょう。それは、人間であれば誰にでもあることです。

そんな言葉を相手に直接聞こえるように言えば、当然、相手は悪影響を受けて、本当に失敗しかねません。また、仮にあなたが心の中でつぶやいただけだとしても、想念は相手にも伝わるものです。

さらに言えば、失敗する可能性が高まっているのは、じつは相手ではなく、言った本人であるあなたなのです。一番近くでその声を聞いているのは、まぎれもなくあなた自身だからです。

無意識はその性質上、口に出した言葉を指示と受け止め、その大きな力を総動員して、指示を現実にするような働きをします。それが褒め言葉だろうと悪口だろうと、全く同じです。

つまり、あなたは相手に言ったつもりでも、多かれ少なかれ、あなた自身をも動かしているということです。そして相手を喜ばそうと口にした言葉は、あなた自身を喜ばせる言葉になります。それが心にもないことであっても、です。

だとしたら、もうおわかりですよね。相手が喜ぶ言葉をどんどん口に出しましょう。それらの言葉は、誰よりもまず、あなた自身の心に伝わるのです。

そしてあなたの心は、喜びと感謝で満ちあふれるようになるでしょう。

過去を変えて、今を生きる
——全盲の目が見えるようになった老紳士

私はある方の紹介で、地方都市でサービス業を営んでいるAさんと会うことになりました。Aさんは80歳を過ぎていましたが、見た目は年齢よりはるかに若く、凜《りん》として品のある物腰は、まさに老紳士といった雰囲気でした。

地元の名家の生まれで、家業のほかにも地元に貢献する文化事業やボランティアに積極的に参加。行動力があるうえに思いやりがあり、実直な人柄で、多くの人から大変尊敬されていました。

そのAさんが、いつの頃からか原因不明のまま急激に視力が低下し、やがて全盲になってしまったのでした。しかしAさんは、そのことを精神的に完全に克服しました。

「目が見えなくなったことによって、逆に人の心が分かるようになりました。目が見えたときに見えなかったものが、よく見えるようになったのです。心の目が開いたんです」

そんなAさんの話を聞いて、ハンディキャップを背負っていたり、悩んでいたりする多くの人たちが感動し、勇気づけられていったのでした。

「神様が私の目を見えなくしたことに、今、感謝しています」

Aさんは、そうおっしゃるのです。

私もAさんの話を聞いて、心から感動しました。しかし、Aさんの話をしばらく聞いているうちに、ひとつだけ引っかかるものを感じ、直感的にズバリ切り出しました。

「Aさん。私は、お話を聞いて大変感動しました。しかし、ひとつだけ気になるところがあります。Aさんは今『感謝しています』とおっしゃいましたね。しかし私は、神は目を見えなくすることはないと思います。目は見えるように作られているのです。むしろ目が見えるようになるということが、神の意に沿うということではないでしょうか。そして目が見えるようになることで、人々に喜びを与えることができるのではないでしょうか」

そして私は、さらに続けました。

「私たちの命の働きというのは、必要なものを必要だと心から願うことによって、動き出すはずです。筋肉は、使えば使うほど発達しますよね。使わなければ老化してしまいますね。Aさんは目が見えないことに感謝していますが、大切なのは、目が見えることを願うことではないでしょうか。ご自分の顔や奥さんの顔、そしてお孫さんの顔をしっかりその目で見て、それから人生を終えることではないでしょうか」

いつの間にか私は、テーブルを叩《たた》きながら、心に浮かんでくる言葉を全力で話していました。すると、その間じっと動かずに私の話を聞いていたAさんが、突然「あーっ！」と大きな声を上げました。

「私は間違っていた。佐藤さん、あなたの言うとおりだ。私の最大の使命は目が開くことだ！」

興奮で顔を紅潮させて、Aさんは一気にまくし立てました。そう言い終わると、Aさんはトイレに立ったのですが、トイレから戻ってくると、奇跡が起きていました。

「皆さん、部屋が前よりちょっと明るくないですか？」とAさんは私たちに聞いたのです。

もちろん、蛍光灯の明るさは何も変わっていません。Aさんは、椅子に腰掛けてしばらくすると、今度は「あっ！　佐藤さん。あなたの顔が見えるような気がします」と言い出したのです。これには、同じ席に居合わせた人たちも、びっくりしてしまいました。

翌朝、Aさんが経営する旅館の食堂で朝食をとっていると、うれしそうな様子のAさんが私のところへやってきました。

「今朝、洗面所で顔を洗ったときに、何年ぶりかで鏡の中に私の顔がボヤーッと見えるようになったんです！　2階の寝室から下に降りるときにも、杖《つえ》を持たずに降りられたんですよ。それを見て驚いた女房の顔も見えたんです！　こうやって女房に手を引いてもらわなくても歩けるんです！」

本当にうれしそうな顔で言いました。

「今なら、車の運転だってできそうだ」

その後、Ａさんの目は日を追うごとに回復していったのだそうです。

「これで良かった！」を口グセにしよう

言葉には力があります。それは、人に語る言葉でも、自分に語る言葉でも同じです。逃げたくなるような月曜の朝ですら、変えられるのです。そして、人生そのものに語りかければ、人生全体を動かしていきます。

あなたの人生を素晴らしいものにする、口グセをお教えします。

たかが口グセと思うかもしれません。しかし口グセは、人生に大きな影響を与えるものです。今までのあなたの口グセがどんなものでもかまいません。

今からは、過去のことを悔やみそうになったら、「これで良かった」と言いましょう。そうすると、後になって「本当にこれで良かったんだ」と思う出来事が訪れます。だから、どんな些細なことでも、たとえ大きな失敗をしたとしても、悔やむ前に「これで良かったんだ」と言うようにしましょう。

それが口グセになったら、あなたが過去を悔やむ時間がぐっと減り、あなたの人生は豊かな方向へと向かっていくでしょう。そのとき、あなたにとっての月曜日の意味も変わってくるのです。

「何で、こうなっちゃったんだろう……」という過去に起こったことに対する後悔は、「これで良かった」という言葉に置き換えましょう。

「つらいなあ……、苦しいなあ……」という、現在の状況に対するグチや不満は、「ありがたい」という言葉に変換しましょう。

「このままじゃ、きっと最悪な状況になってしまう……」という未来への不安や心配は、「だから良くなる」という言葉に変えてしまいましょう。

これらの言葉は、声に出しても、心の中でもかまいません。ことあるごとに、まずこの言葉を口グセにして言ってください。すると、この言葉の力で、出来事の本当の意味や真実に、より深く気づくことができるでしょう。

「幸せになりたい」ではなく「幸せ！」と言い切る

あなたは今、幸せですか？

月曜日がしんどいから本書を手に取っていただいたのだと思いますが、「不幸ではないけれど、幸せとも言い切れない」という人も意外と多いかもしれませんね。仕事がつまらないとは思わない、でも楽しいとも思えない。もう少しお金があったら、もう少し私が美人だったら、もう少し……。

このように足りないものを数えていると、無意識のうちに「ああ、幸せになりたいなあ」と望んでしまうものなのです。

でも、本当に幸せになるコツは、「幸せになりたい」という言葉とキッパリ縁を切ること。そして「幸せ!」と断言してしまうことです。

いったいなぜだと思いますか?

それは、「なりたい」という言葉を使うことで、「今の自分はそうではない」と認めてしまうことになるからです。

これまでにも書いたように、言葉の力は、心を動かし、行動を変えます。つまり、「幸せになりたい」ではなく「幸せ!」と言い切ってしまえば、心もそう思い込みます。心につられて、行動もポジティブなほうへと向かっていくという仕組みです。「幸せ!」と言葉を変えるだけで、「幸せになっている」状態が現実となるのです。

「私は幸せ!」と、何度も何度も断言して、自分が本当にその気になってくるまで繰り返してみてください。

この人は良い人、この人は悪い人ととらえているのも、その個人のとらえ方にすぎません。善《よ》い悪いは、その人の心が反映するものですから、固定的な実体はありません。認めたものが現れるという、心の仕組みがあるだけなのです。

この人は良い人と認めると、その人は良い人になります。この人は悪い人ととらえたら、その人は悪い人になるのです。

良い人と認めたら、その人の良い部分をどんどん発見することになります。その発見が、さらにその人は良い人だという確信につながっていきます。

このように、すべては、自分が認めたものが現れる世界なのです。心は非常に便利なものです。

いつでもクレーム処理をする気持ちでいればいい

接客業に就く人から、「お客様のクレームを受けてから、クレーム恐怖症になりました。どうしたらいいですか?」という相談を受けました。じつは、クレームというのは「宝の山」です。伸びている会社ほど、適切で前向きなクレーム処理に対して、最大限のエネルギーを注いでいます。

なぜなら、クレームに的確に真心をこめて対処すれば、そのお客様は逆に、あなた、もしくはお店や会社のファンになってくれるからです。クレームを受けたとき大切なのは、そのクレームと真摯に向き合い、逃げないで、弁解せずに、真っ先に謝ることです。

やってしまいがちなのは「こちらと相手のどちらに非があるのか」をまず考えてしまうこと。どちらが正しいかは考えずに、お客様にそういう思いをさせたことを、まず謝ることが先決です。

次に、その場でできる最善の処理をして、すぐ上司に報告し、会社でシステム化して、誰もが同じ失敗を繰り返さないように共有します。1件のクレーム対応次第で、会社が良くなっていきます。

また、あなたが営業に出かけた際、お客様が冷たく断ってきたら、「これはクレームだ」と思えばいいのです。普通、あまりこういう発想はしないでしょう。でも「断りの本質」はまさしくクレームと同じです。ですから断られたら、クレーム処理をすればいいのです。

例えば、お客様に嫌な顔をされたら、「自分の顔が嫌だ」というクレームなのですから、素早くニコッとして対処することで、クレーム処理をしたことになります。

「いらない、帰れ」と言われたときには、「おまえの話など聞きたくない」というクレームなのですから、「何て感じのいい人だろう」「この人と話をしてみたい」と、見た瞬間からうれしくなるようなふるまいを心がけることです。

そうすることでクレーム処理だけでなく、**お客様のニーズに応えられている、ということになる**わけです。

チューリップにバラは咲かない

幸せを手に入れるには、どうしたらいいと思いますか。

「学歴がない」「才能がない」「お金がない」「人脈がない」など、幸せになれない理由をあれこれ考えていませんか。

じつは、答えはいたってシンプルです。誰でも簡単に幸せを手に入れられます。「人と比べるのを止《や》めればいい」だけなのです。

人と比較をしているうちは、心の安らぎは得られません。あなたが大金持ちになったとしても、世の中にはさらにすごい人がいます。人と比べた瞬間、挫折感がつきまといます。

そして「自分は何のために生まれてきたのか、自分の本来の役割は何なのか、自分らしさとは何なのか」を知ることです。

チューリップなのにバラの花を咲かせることはできません。自分自身を知って、自分という花を思いきり咲かせることに専念すればいいのです。その時代の価値観に左右されてもいけません。

チューリップにはチューリップの良さがあり、バラにはバラの良さがあるのですから。

自分らしさを知り、それを認めればいいのです。それができれば、いつも幸せな気分でいられます。

では、自分らしさを知るにはどうしたらいいのでしょうか。

今まで何をやったときに喜びを感じていたのか、一番幸せを感じていたのか、ということを思い出してみてください。そこにあなたらしさのヒントが隠されています。人と自分を比べずに、世界にひとつしかない自分の花を咲かせましょう。


そして、何をするにしても、心から喜んですることです。

今日やるべきことを全部、心から喜んでやる。そして、昨日より少しでも成長している自分になりましょう。

そうすれば、あなたはもう本物の幸せを手に入れたも同然です。

強運を呼び込む人とは、これらのことを、いつも当たり前にやっている人なのです。

第5章

人に好かれる「大天才」になる

▼好かれるより先に相手を好きになる

「頑張れ」よりも100倍元気が出る言葉

人を励ますときに、つい「頑張って」と言ってしまいがちです。しかし「頑張って」という言葉にはかなり注意が必要です。

自分は励ましたくて「頑張れ」と言っているつもりでも、相手からは「自分はまだ頑張ってないってこと?」というニュアンスで受け取られてしまうことがあるからです。

相手が精神的な不調を抱えている場合はなおさらです。相手をさらに追いつめてしまうこともある、危険な言葉だと知っておいてください。

誤解を与えずに相手を元気づけたい、励ましたいと思うなら、その人の美点を見つけるようにします。美点発見することで、「あなたはよくやっている」と認めてあげるのです。

そもそも、人が落ち込むのは、何か満たされないことがあるからです。自分は満たされていると感じられれば、相手はそれこそ一瞬で元気になります。

美点発見する内容は、どんなことでもいいのです。

「○○さん、今日は輝いていますね。何かいいことがあったんですか？」
「○○君は、本当に優しいね。いつもありがとう」

特に励まそうと思わなくても、あらゆる場面で美点を見つけ、相手を認めるようにしてみましょう。そうすれば、その人の表情がパッと明るくなるはずです。
そして人を認めると、ほかにもいいことがあります。
それは、自分のことも認めてもらえるようになるということ。自分が認められると、相手のことも認め返したくなるものなのです。

美点を見つけ伝える行為は、相手を喜ばせて自分もうれしくなって、いいことずくめです。

人を喜ばせる人に金運は舞い降りる

「金運を良くしたい」と思っている人はたくさんいらっしゃることでしょう。では、どうすれば金運は良くなるのでしょうか。

その答えは、人に好かれることです。

いったい何がお金を運んでくるのでしょうか。それは運ではありません。人が運んでくるのです。魅力のある人、つまり周囲から好かれる人のところには人が集まり、結果としてお金も集まってきます。

実際にこれといった才能もなく、たいして努力をしていないのに、お金に困らないどころかどんどん成功の階段を上っていく人がいます。そういう人は、共通して気配り上手です。

一方、気の利かない人は、人に嫌われがちです。その結果、いつまで経《た》っても経済的に豊かになれず、なかなか成功しないことが多いものです。気配り上手な人になるのは簡単です。人が望むことにいち早く気がつき、それを満たしてあげればいいのです。

気配りすれば金運が良くなるのですから、月曜だけ頑張るとか、週末だけは笑顔で、などと制限はせず、毎日のように人を満たせるあなたになりたくはありませんか？

そのためには、人を心から愛することです。

人を心から愛すれば、その人の望むことに気がつきやすくなり、無理なく自然と気配りができるようになります。

そういう人は、誰から見ても魅力的な人です。その魅力によって、結果的に人とともにお金もやってきます。つまり、金運が舞い降りる人は、人間的魅力や才能、努力が報われているということなのです。

金運を呼ぶ最大の秘訣《ひけつ》は、人を愛すること。そして人から愛される人間になることなのです。

「GIVE《ギブ》＝《イコール》TAKE《テイク》」

人に好かれるには、人間関係をどうとらえるかが重要です。人に好かれることで、あのツラい月曜の朝がウソのようにラクになっていきます。

多くの人は「GIVE & TAKE」の関係こそ、公平な人間関係だと考えていませんか。

その関係は直訳すると、「相手に与えて、自分も相手から得ること」となります。持ちつ持たれつといった感じです。しかしそこにはつねに「見返りを求める気持ち」がお互いにあるということになります。

一方で「GIVE & GIVE」という言葉もあります。これは相手に対してひたすら与えるのみで、見返りを求めない無償の愛です。

たしかに崇高な精神性ではありますが、自分自身が満たされないと、心の葛藤や矛盾が生まれます。ですから、私は賛成できません。

そこで私は、人間関係を「GIVE＝TAKE」の関係ととらえることを提案しています。この言葉の意味は、自分が行ったことで相手が喜んでくれて、そして自分も喜びを感じている、ということ。GIVE（与える）と同時にTAKE（得ている）ということです。

相手にしてあげるのと同時に、自分も喜びを受け取って、満たされているのです。人の喜びと自分の喜びが一対となっているわけです。

これであれば、人から何かをしてもらって喜ぶというよりも、自分が何かをしてあげた相手も行動した自分も喜ぶということになります。

そんな場面を想像しただけで、次の月曜日を迎えるのが楽しみになってきませんか？

これが「GIVE＝TAKE」の関係です。

嘘をつく、いい加減に褒めるのは一発アウト

もし、あなたが営業をするとしたら、次のどの方法でお客様にセールスするかを考えてみてください。

（1）商品のメリットを中心に売り込む
（2）売り手である自分のことを中心に売り込む
（3）買い手であるお客様のことを中心に売り込む

（1）を選んだ方は初級者。（2）を選んだ方は中級者。（3）を選んだ方は上級者です。

なぜ「お客様にお客様を売り込む」のが上級者なのか。その理由は、どんな人でも、最も関心があるのは自分自身だからです。

もしあなたが、お客様のことに最大の関心を持ち、お客様自身の話をしていれば、そのお客様は何時間でも飽きることなく、あなたの話を聞いてくれます。その結果、あなたが扱っている商品にも興味を示してくれて、購入・契約に結びつきます。

ただし、それにはひとつ条件があります。絶対に嘘やお世辞を言わないことです。嘘やお世辞は、相手にバレてしまいます。もしバレなかったとしても、日常的に自分の心に嘘をついてしまうと、徐々に自分自身にパワーがなくなってしまうからです。それこそ、月曜どころか毎日が憂うつなものになるでしょう。

例えば「きれいな指輪ですね。すごくお似合いですよ」「お目が高いですね。これはなかなか見分けがつかないんですよ」など、どんなことでもいいのです。お世辞ではなく、相手の本当に素晴らしいと思うところを率直に言葉にしましょう。

こんなふうにお客様にお客様を売り込むことが、お客様から愛されるセールスパーソンになる秘訣なのです。

人を好きになれば、モチベーションなどいらない

営業を職業にする人にとって、お客様を好きかどうかは重要です。好きなお客様なら曜日を問わず毎日でも会いたくなるでしょうし、嫌いなお客様ならできるだけ避けようとするでしょう。

つまり、好きなお客様が多ければ多いほど、営業の仕事はたやすくなります。好きなお客様なら、月曜の朝から会いたくてしかたがなくなるのです。営業成績を上げられる人というのは、苦手なお客様でさえも好きになることができる人なのです。

そうなれると、営業が楽しくてたまらなくなり、成績も上がるわけです。

そんな、苦手なお客様でも好きになる、とっておきの方法があります。

苦手なお客様を訪問しようとするとき、「気が重いなあ」と思ったら、訪問する直前にメモ帳を取り出し、そのお客様の美点を書いてみるのです。お世話にな

ったことをできるだけ数多く思い出し、それを書くのもいいでしょう。

「とても物知りだ」「数字にめっぽう強い」「口は悪いけど、鋭いことを言う」「この前、叱られたけど、そのお陰でとても勉強になった」「いつも皮肉を言うが、約束はきちんと守ってくれる」などなど。

そんなふうに探していくと、不思議なもので、いつの間にかそのお客様のことを自然と好きになっていきます。相手が自分に好意を持っていなくても、気にすることはありません。自分から、相手を好きになればいいのです。わざわざ頑張ってモチベーションを上げるのとは根本的に違うのです。


人は多くの場合、相手の態度を見て、自分の態度を決めています。相手が自分を好きになってくれれば、こっちも相手を好きになろう……と。そうであれば、先手必勝。こちらから先に好きになりましょう。

どんな人にも長所はあります。学ぶべきこともあるものです。だから、お客様一人ひとりを好きになるだけで、きっと驚くほどの効果がもたらされることでしょう。

人と会う前に10分、心のストレッチ

セールスパーソンでなくても、初対面の相手に会うときは、いろいろと不安がよぎるものです。何を話そうか、話は盛り上がるだろうか、相手は自分にどんな印象を持つだろうか、などと気になったりします。人見知りの人なら、おなかが痛くなったり、手に汗がにじむこともあるでしょう。

そんなときに試してほしいのが、人に会う前の「心のストレッチ」です。

例えば週明けに初めて会う相手がいたら、まず「どんな人だろう」→「きっといい人に違いない」→「早く会いたいな」とポジティブな言葉にして、イメージをふくらませていきます。

そして、待ち合わせの10分くらい前から、少しずつテンションを高めていくのです。すると、実際に会った瞬間、自然な笑顔が浮かんできます。この自然な笑顔が重要なポイントです。

というのも、たとえ初対面であっても、人は他人が自分に対して良いイメージを持っているかどうかを敏感に察知します。そして、理屈抜きで自分に好感を持ってくれている人を好きになります。

つまり、初対面でいい印象を持ってもらえれば、その後の関係は良好になる可能性が非常に高いということです。

こんな出会いが月曜日からたくさんあれば、その週は大ハッピーになること間違いありません。

この「心のストレッチ」は、もちろん初対面でなくても使えます。

以前に会ったことのある人なら、「○○さんの話はおもしろかったな」「いきなり握手を求められてびっくりしたな。でも、感じのいい人だった」など、相手のいい印象を思い浮かべながら、テンションを高めて再会するようにしましょう。

きっと相手もあなたに好感を持ってくれます。

愛の欠けた言動に人は傷つく

すべての人は目に見えない領域でつながっています。それは、たとえるなら手の指と手のひらのような関係です。指はそれぞれ独立していますが、根っこは同じ手のひらです。人間もそれぞれ独立していますが、じつは同じ根っこを持っています。

ですから、周りの人たちを悪く思うと、自分も悪くなります。人に良くなってほしいと願うと、自分も良くなります。与えることと受け取ることは、じつは同じことなのです。

そもそも人を悪く思うのは、人間に批判精神があるからです。批判精神が自分に向かったときは反省になりますが、他人に向かうときは批判になります。ですから批判のすべてが悪いわけではありません。しかし、なかには悪意の批判や、自分を正当化するための批判、誤解や曲解に基づく批判もあります。

こうした批判と、忠告には大きな違いがあります。

それは、忠告には相手のためを思うという愛の心があるのに対し、批判の根底には、愛が欠けていることです。**愛に欠けた言動は、どんなときでも自分にプラスにはなりません。**

また、第一印象によって、相手の善《よ》し悪《あ》しを判断することにも要注意です。こうした場合、多くの人が見逃していることがあります。それは、第一印象を相手から「与えられた」と思い込むことです。

つまり、印象の責任は相手にあるとする考え方です。これは大きな誤解です。第一印象とは、自分が感じたことです。たしかに、相手の責任もないわけではありませんが、自分の責任も大きいのです。

良い印象を持ったとしても、悪い印象を持ったとしても、自分の心の状態がどうだったかを冷静に見つめる必要があります。

他人を悪く思うことは、人間の感情として仕方のない面もあります。でも、よく考えてみてください。親指が、小指が怠けたからと傷つけたら、痛みを感じるのは全員なのです。それでもあなたはほかの指を非難しますか？　それよりも全員で喜び合いたいと思いませんか？

うらやましい相手ほど、いいところを探す

私たちは、人をうらやましがるのは悪いこと、と思いがちです。でも、それは、決して悪いことではありません。なぜなら、人をうらやましく思うことは、相手を認めていることと同じだからです。

つまりある意味では、相手を褒めているのです。

また、うらやましいという感情は、自分が相手のように成長したいという意欲のあらわれでもあります。

しかし、「自分はそんなふうになれない」と相手に妬みの感情を抱いてしまう

のは要注意。自分の行動や気持ちにブレーキをかけてしまうことになるからです。潜在意識の働きとは、そういうものなのです。

できることなら、相手に向かって素直に「あなたのこういうところが素晴らしいですね」と言葉にしてみましょう。

うらやましい相手と出会ったら、その相手の美点をどんどん伝えてあげましょう。その言葉を口にした瞬間から、相手を受け入れたことになります。そして、あなたもそのようになれる可能性が広がっていきます。

このように、うらやましいと思う気持ちは本来、私たちが成長するきっかけのひとつなのです。

まず先に自分から変わろう

自分を悩ませる周りの人に対して「変わってほしい」と思うことがあります。そんなときは、まず、あなたが先に変わりましょう。

相手を変えようとすると、逆に反発を受けてしまいます。しかし、自分を変えることは、今すぐにできます。それに気づいたあなたが先に変わりましょう。

人は鏡です。あなたがいい表情をしたときに、鏡に映るあなたもいい顔になります。ですから、あなたが変われば、相手も変わります。

その人のことを「月曜から会いたくないな」と思うなら、相手もあなたのことをそう思っている可能性が高いわけです。

「あの人は、私のことを全然わかってくれない」と思うときもあるでしょう。それは、裏を返せば「自分が相手を全然わかっていない」ということになります。

このような悩みを抱えているときは、一度、相手の立場から自分を見てみると効果的です。相手の立場になる最善の方法は、相手の立場を自分の立場から想像するのではなく、実際に行動で感じることです。

例えば、母親の気持ちを理解したければ、1日、母親と役割を入れ替えてみるのもいいでしょう。そうすると、母親のありがたさがわかったり、自分の気持ちを理解してもらえたり、気づかなかったことに気づくようになります。

あなたが店長さんなら、一度、思いっきりわがままなお客さんになってみるといいでしょう。自分だったらお店の人に何をしてほしいかなど、必ず新しい発見があります。

このように、相手と立場を入れ替えることによって、普段は見えなかったものがたくさん見えてきます。まさに、人は鏡なのです。あなたが笑えば相手も笑い、あなたが怒れば相手も怒ります。

このことは接客にも当てはまります。お客様が冷たい態度をとったり、きつい断り方をしたりするのは、あなたの態度が映し出されているのです。

自分以外の他者は、みんな自分を成長させてくれる先生だと思えばちょうどいいのです。

新時代の「叱り方」

「叱る」と「褒める」は、正反対のことのように思えますが、じつは本来、どちらも同じです。叱るのは、「あなたには本当はこんな能力があるのに、それを使わないのはもったいない」と期待しているからであり、裏を返せば、叱っている相手を認めている、ということです。そんなふうに、しっかりと相手の美点発見をしてから叱ることが、新時代の叱り方と言えます。

褒めるのは、言うまでもなく相手を認めることです。ですから、叱るも褒めるも、相手の能力を引き出すための方法にすぎません。叱られたといってしょげ返り、褒められたといって有頂天になるのではなく、言ってくれた人の本心をつかむ努力をしましょう。

例えば、叱られたら悪いこと、褒められたら良いこと、とつい表面的にとらえがちです。そうではなく、褒められたなら感謝し、叱られたとしても感謝をするのです。愛情があるからこそ叱ってくれるのです。

叱る人は、あえて悪役を買って出てくれて、自分の欠点を気づかせてくれた大恩人なのです。

あなたの身の周りに起きるどんな出来事も、プラスの意味にとらえていきましょう。休み明けの月曜日、誰かに叱られるのがイヤだとしたら、それがありがたいことに変わったらいいですよね？　そうできれば、あなたはきっと素晴らしい人に成長するでしょう。

もちろん、月曜だけではなく、あなたの受け止め方ひとつで、人生は見違えるように変化していくのです。

「ありがとう」は日本語で一番美しい言葉

私たちは、褒められると喜びますが、叱られるとつい腹を立ててしまいがちです。しかし、ちょっと冷静になって考えてみてください。自分に起きる出来事はすべて自分にとって必要なことかもしれません。

叱られるということは、あなたに足りない何かがあったから、それを教えてくれているのです。あなたに嫌われることを承知のうえで、わざわざ大切なことを気づかせてくれています。

ですから、たとえ叱られても「ありがとう」と言うようにしましょう。

「ありがとうございます」という言葉は、日本語の中で最も美しい言葉です。ありがとう以上に、きれいな言葉はありません。ですから、これを使わない手はありません。使えば使うほど、あなたの人間関係は良くなっていくことでしょう。

感謝の気持ちを実践する方法は、ほかにもあります。

例えば私は、人と会うときにはいつも握手を求めるようにしています。

そして、「あなたと出会えて良かった。あなたのことが大好きです」そういう気持ちを込めて、愛をもって握手をします。すると、「手は口ほどにものを言う」ではありませんが、本当に愛のエネルギーが充満している人は、その人の手を握ったときに、とても温かいものが伝わってくるのです。

そうなってくれれば、しめたもの。週末の休みのうちから「早く月曜日が来ないかな！」と、ワクワクするようになります。


もし、お客様と握手をするのが失礼にあたるようであれば、同じ気持ちでお辞儀をするようにします。

ただペコリと頭を下げるのではなく、心からの感謝の気持ちを込めて、「お会いできてうれしいです」「いつもお世話になっております」「ありがとうございました」と、深々と頭を下げます。


言葉にしなくても、心の中で言葉にしながらお辞儀をすると、その気持ちはちゃんと伝わるものなのです。

また、私たちは、褒められると「そんなことありません」と謙遜しがちです。

しかし、褒めてくれているのだから、何も否定することはないのです。

褒めてもらったときは、「ありがとうございます」と素直にお礼を言うようにしましょう。そうすることで自己肯定感も高まります。そして、相手の気持ちをそのまま受け入れることになります。

「そんなことないですよ」と言ってしまうと、自分だけではなく、相手までも否定してしまいます。せっかく褒められても、それを受け入れなかったことになります。

もし上司から叱られたときには、一瞬腹を立てたとしても「ありがとうございました」とお礼を言いましょう。上司はあなたに期待しているからこそ、あなたを認めているからこそ、叱ってくれているからです。

人はみな天才なんです

人は、美しさの基準を自ら決めてしまうところがあります。

例えば盆栽は、人が思う美しさに加工した人工的な美であって、本来の自然の美ではありません。

一方、山の木々を見たときは、それを自然の美として受け止めることができます。このように自然には、天が与えた美があります。

同様に、人にも天から与えられた才能があります。だから、人はみな天才なのです。

しかし、人は、天才と凡才とに分類してしまいます。それは、自分の思う美に当てはめようとするからです。

天が与えた自然の美を美しいと受け止める心になれば、どんな成長の仕方をしようとも「すべての人はみな天才」として受け止めることができるようになります。

「ああ、月曜の朝が来なければいいいな」と思っていたとしても、そんなあなたも天才ですから、心配はいりません。

天才ぶりを発揮するには、本物の自分で勝負することです。

昔、私が勤めていた会社に、見た目もトークも流れるようにスマートなトップセールスマンがいました。私は一度だけ、その彼のふるまいを真似《まね》したことがありますが、うまくいきませんでした。そのときに「自分のやり方でやらなければ本物にならない」と悟りました。

人からテクニックを学ぶ姿勢は良いのですが、最も大切な熱意がなくては、お客様を感動させることはできません。

「どうしてもこの商品の良さをわかってもらいたい。なんとしてもお客様に喜んでもらいたい」という熱意さえあれば、たとえ会話が下手《へた》でも、お客様の心をとらえることができるのです。

自分らしさで勝負すれば、それは偽らざるあなた自身。後になってボロが出るということはありません。

ありのままのあなたを磨いていけばいいのです。

エピローグ

欠点は伸びしろだ

私が上京したのは、中学を卒業した15歳のときでした。

最初は大企業の社員食堂で、皿洗いからのスタートでした。今どき珍しい丁稚《でっち》あがりみたいなものです。皿洗いをしながら、定時制の高校に通いました。

職場ではいじめられたこともありました。まだ田舎《いなか》から出てきたばかりで、タバスコというものを知らなかった頃、先輩に「おいしいケチャップだから、一息で飲むといいぞ」とだまされて、飲まされた後は1時間以上、口から火が出そうでした。

社員食堂での皿洗いは、それはそれはつらいものでした。毎日毎日400人分の皿を、コック服がビショビショになっても、ひたすら一人で洗うのです。今でいう「ワンオペ」ですね。

だから私は、月曜の朝に職場へ行きたくない、仕事がつらいという人の気持ち、孤独な人の気持ちを誰よりもわかる、わかりたいと思っています。朝から晩まで皿洗い。仕事はつらいな、早く東京に出て仕事をしたいと思っていたけれど、実際にやったらこんなにつらいのかと思いました。

しかし、そのつらいつらい皿洗いが、あるひとつのことをきっかけに、おもしろくてしょうがなくなったのです。

何をやったか、わかりますか？

答えは、とてもシンプルです。腕時計を外して目の前にポンと置いて、1分間に何枚洗えるかに挑戦したのです。最初の1分間で洗った皿の枚数を数え、さらに次の1分間で洗った皿の枚数を数える。たったそれだけですが、繰り返しているとおもしろいように速くなり、皿洗いがうまくなりました。

腕時計を置いてやることが、まさに「急所」でした。

ずっとつらいつらいと思いながらやっていた皿洗いが、おもしろくてしょうがなくなったのです。先輩は包丁もフライパンも持てていましたが、新人の私は皿洗いしか許されていませんでした。

でも、あるとき先輩が皿を洗っているのを見たら、私よりもはるかに下手《へた》だったのです。皿洗いに関しては、いつの間にかどんな先輩よりも私のほうが上手《うま》くなっていました。それが大きな自信にもつながりました。

だから、どんなに大変なこと、つらいことに直面している人でも、私はそこに大変素晴らしい財産があるように思うのです。莫大《ばくだい》な財産です。

悩んでいる人ほど、欠点がある人ほど、可能性を持っているわけです。

本書でご紹介した「満月の法則」を思い出してください。

空を見上げると三日月が見えます。でも、実際の月はまんまるな球体です。見た目は三日月にしか見えなくても、真実の姿は満月である。これが最大の秘密です。

あなた自身も完全完璧で、全く欠けるところのない満月です。これは頭で考えることではなく、もともとそうなのです。

相手も満月、あなたも満月。これに何の問題があるというのでしょうか？

この真実を受け取っていただくだけで、あなたの心が安らいでいきませんか？

誰に会っても、鏡の中の自分を見ても、最高の満月だとしか思えなくなれば、あの忌々《いまいま》しかった月曜日が待ち遠しくてしかたなくなります。


職場の人たちと会いたくなります。

お客様と会いたくなります。

家族、友人、恋人がさらに大好きになります。

先生、子どもたちのことが大好きになります。


「どうしても満月には見えないよ」と思うあなたも、大丈夫です。

月が欠けて三日月のように見えていても、欠けて見えない部分が伸びしろです。

まだ暗くて見えていないだけですので、むしろ月の光っている部分は細ければ細いほどいいくらいです。真っ暗闇の新月でも大歓迎です。その暗い部分を、あなたは今まで欠点だと思っていたかもしれません。それが違うのです。欠点などないのです。欠点と思い込んでいたものは、全部あなたの伸びしろだからです。

そして、相手の三日月もあなたが意識的に変えていけます。それが本書で取り上げた〝美点発見〟だと思ってください。

美点発見は「満月の法則の実践版」です。「相手は満月だ。理屈はわかった。でもどうすればいい?」という方にも簡単に取り組んでいただけるよう、誰でもできる簡単なメソッドとしてお伝えしました。

ご紹介したメソッドの特長は、いつでも、どこでも、一人でできることです。ペンと紙だけで一生を幸せに変えられます。もちろん、お金はかかりません。

そしてその絶大な効果は、人間関係の大好転という形ではっきりと現れます。本書は、人間関係を良くする本なのです。だからあなたの生活は、月曜から日曜まで、毎日毎日、大ハッピーになるわけです。

さぁ、今日から本書の内容を実践してください。ただそれだけで、あなたの月曜の朝が爽やかで軽やかな時間へと変わっていきます。

そのことを、私は強く確信しています。

心の専門家　佐藤康行

2024年2月

佐藤康行や本書の内容についてのお問合せ窓口

心の学校® アイジーエー
〒135-0033 東京都江東区深川1-5-5
佐藤康行 真我ビル５階

・Web：https://shinga.com/
・Email：info@shinga.com
・TEL：03-5962-3541（平日10 ～ 18:00）
・FAX：03-5962-3748（24Ｈ）

読者プレゼント

本書をお読みいただき、誠にありがとうございます。愛読いただきました読者様に、本書でご紹介した「美点発見」の記入シート（PDF版）」をプレゼントいたします！

①下記サイトにアクセス
②メールアドレスをご入力の上、プレゼントお申込み
③自動返信メールが届くのでPDFをダウンロード
（印刷してご使用ください）

https://shinga.com/book-biten/

〈著者紹介〉
佐藤康行（さとう・やすゆき）
1951年、北海道美唄市生まれ。心の学校グループ創始者。1980年、「ステーキのくいしんぼ」を創業。「世界初の立ち食いステーキ」を考案し、８年で年商50億円（70店舗）を達成した。その後、経営権を譲渡、1991年に「心の学校」を創立。約30年にわたり「本当の自分＝真我」に目覚めることを伝え続け、これまでグループ全体で52万人以上の人生を劇的に好転させてきた。2014年、JR東京駅前に「YSこころのクリニック」を開院、うつ病治療では90日以内の寛解率が90％以上という成果を上げている（現在は門前仲町に移転）。研修指導はノーベル賞候補となった科学者や有名な医師、大企業の経営者、社員教育など幅広く、ANA（全日空）ではグループ全社員43,000人を対象に研修が行われている。国会議員など政治家からの信頼も厚く、文部科学大臣を輩出。政府からの依頼を受け、ひきこもり問題解消で大きな成果を上げた。また公立小学校のいじめ・不登校児問題も、多くの事例を解決に導いた。著書は『満月の法則』（サンマーク出版）、『仕事で心が折れそうになったら読む本』（PHP研究所）、『太陽の法則』（KADOKAWA）など多数あり、累計発行部数は250万部に及ぶ。

しんどい月曜の朝がラクになる本

2024年２月25日　初 版 発 行
2024年５月30日　第４刷発行

著　者　佐藤康行
発行人　黒川精一
発行所　株式会社 サンマーク出版
　　　　東京都新宿区北新宿 2-21-1
　　　　（電）03-5348-7800
印　刷　中央精版印刷株式会社
製　本　株式会社若林製本工場

ISBN978-4-7631-4109-5　C0030
ホームページ　https://www.sunmark.co.jp